ララチッタ

Guam

グアム

ララチッタとはイタリア語の「街＝La Citta」と、
軽快に旅を楽しむイメージを重ねた言葉です。
豊富なアクティビティや隠れ家的ビーチ、
リゾート・スパや人気のお買物スポットなど
楽しさいっぱいの南国リゾート・グアムへ！

ララチッタ グアム

CONTENTS

グアムで叶えたい ♥♥ とっておきシーン7

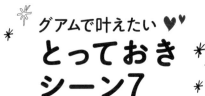

Activity
アクティビティ

Popular Area
人気エリア

Shopping
ショッピング

Gourmet
グルメ

Relax
リラックス

トラベルインフォメーション

付録MAP

マークの見かた

日本語スタッフがいる	電話番号
日本語メニューがある	開館時間、営業時間
交通	休み
住所	料金

その他の注意事項

●この本に掲載した記事やデータは、2023年10～12月の取材、調査に基づいたものです。発行後に、料金、営業時間、定休日、メニュー等の営業内容が変更になる場合や、臨時休業等で利用できない場合があります。また、各種データを含めた掲載内容の正確性には万全を期しておりますが、おでかけの際には電話等で事前に確認・予約されることをお勧めいたします。なお、本書に掲載された内容による損害等は、弊社では補償いたしかねますので、予めご了承くださいますようお願いいたします。
●休みは基本的に定休日のみを表示し、年末年始やクリスマス、国の記念日など祝祭日については省略しています。
●料金には別途サービス料や税などが加算される場合があります。
●本書掲載の商品は一例です。売り切れや変更の場合もありますので、ご了承ください。

グアム早わかり

マリアナ諸島に属する常夏の島グアムは、アクティビティ、グルメ、ショッピングなど、
リゾートアイランドならではの楽しみが盛りだくさん。

基本情報

国名：アメリカ合衆国自治属領（準州）グアム
面積：549km²
人口：約16万人
時差：プラス1時間（日本の正午はグアムの13時）
通貨：USドル（$）。$1＝約150円（2023年11月現在）

ショッピングとグルメが集中する観光の拠点

❶ タモン
Tumon

グアム観光の中心地。美しいタモン湾に面してリゾートホテルが立ち並び、大型ショッピングセンターやレストランも多く賑やか。ホテル・ロード（サン・ビトレス・ロード）には観光客の足として便利な赤いシャトルバスが走る。

アガニア湾に面したリゾートエリア

❷ タムニング
Tamuning

タモンに次いで観光客が多く賑やか。大型ホテルが点在する一方、映画館とコンビニを併設するアウトレットモール、地元の人たちが通う店や手軽なレストランのほか、マリンアクティビティができるマリンクラブもこのエリアに多い。

1：赤いシャトルバスが主なホテルやショッピングセンターを結んでいる 2：ホテル・ロードから波が穏やかな白砂のビーチまではすぐ 3：タモンのメインストリート、ホテル・ロード

タムニングはタモンとハガニアの中部に位置する

歴史を感じられる観光スポットが点在

聖母マリア大聖堂など史跡が点在している

❸ ハガニア
Hagåtña

グアム行政の中心地。スペイン統治時代の総督邸跡をはじめ、名所旧跡が多く、観光客が一度は訪れるエリア。また、地元の人たちに人気のレストランが多いのも特徴の一つ。

グアムのローカルの
暮らしが垣間見られる

デデドの朝市で
ローカル体験を

❹ デデド
Dededo

ここ10数年で開けた住宅地が広がるエリア。
毎週土・日曜朝のフリーマーケット開催地と
しても有名。マリン・コア・ドライブが貫き、
朝夕には通勤ラッシュの様相に。

フィリピン海

❶ タモン

❷ タムニング

❸ ハガニア

手つかずの自然と
歴史が残るエリア

❺ 南部
Southern Part

ジャングルなど南国の自然が広がるの
んびりとしたエリア。グアムの歴史と文
化を語るうえで外せない史跡やグアム
最大のタロフォフォの滝、イナラハン天
然プールなど、見どころも多い。

太平洋

❺ 南部

1：イナラハン天然プールは
ローカルに人気　**2**：タロフ
ォフォの滝はグアム最大の
滝　**3**：ココス島周辺には美
しいラグーンが広がる

ココス島

SPECIAL SCENE7

グアムで叶えたい♥
とっておきシーン7

グアムで絶対に体験したい7つのシーン！
アクティビティ、グルメ、絶景めぐりやショッピングまで、
南国リゾートならではの魅力を紹介します。

アクティビティも充実
グアムのリゾートステイを
満喫！

美しい海に癒やされ
心も体もリラックス

SCENE 1

ビーチバケーションを満喫

さまざまな
マリンアクティビティに挑戦

ビーチリゾート・グアムには、定番の
バナナ・ボートからスリリングな体験ができるものまで、
さまざまな種類のアクティビティが揃います。
充実のアトラクションにチャレンジ！➡P26

やりたいこと！

憧れの空中散歩
美しい海を上空で満喫
パラセーリング

パラシュートをモーターボートに引っ張っ
てもらい、空から海や街を一望。スリルと
爽快感がクセになる。まるで背中に羽が
生えたような感覚を味わってみては。

真っ青な海、
対岸のビーチや街まで
一望できる

ポイントまでは
ボートで出航。
クルージング気分

やりたいこと！

定番のマリンスポーツ
スピーディーに水上を駆ける
バナナ・ボート

バナナ形ボートに乗り、モーターボート
などで引っ張ってもらう人気のアクティ
ビティ。気軽にスリル＆スピードが体感
でき、大人数で楽しめるのがポイント。

カーブを曲がれる
ようになると楽しい

やりたいこと！

波しぶきをあげ
豪快に海面を疾走
ジェットスキー

広大な海面を豪快に駆
け抜ける快感はやみつ
きになりそう。日本で
は免許が必要だが、グ
アムでは免許がなくて
も運転できる。

海面を走り回る
爽快感がたまらない！

予測できない動きに
ドキドキ、ワクワク

やりたいこと！

自由気ままに
穏やかな海をお散歩
シーカヤック

潮風に吹かれながら
のんびりと海上散策

安定性が高いので初心者
でも意外と簡単に楽しめ、
周りの景色をのんびり眺め
られるのも嬉しい。1人から
3人乗りがある。

水しぶきを上げながら
高速で海上を走る。
大勢で乗ると楽しさ倍増

グアムで叶えたい♥
とっておきシーン7

SCENE 2

マリンブルーの海一面を
オレンジ色に染める
絶景サンセットを眺めたい!

滞在中に一度は見たい絶景サンセット。水平線に
ゆっくりと夕日が沈み、あたり一面をオレンジ色に
染め上げる景色は忘れられない旅の思い出に。➡P42

年間サンセットタイム目安	
1月	18時5分〜18時20分
2〜3月	18時20分〜18時35分
4〜5月	18時30分〜18時45分
6〜7月	18時45分〜18時50分
8月	18時35分〜18時50分
9月	18時10分〜18時30分
10月	17時55分〜18時10分
11〜12月	17時55分〜18時5分

恋人岬から
180度見渡す海に
沈みゆく壮大な夕日

思い出に残るサンセットタイム

海の近くの
テラス席で
ロマンチックな時間を過ごす

SCENE 3

南国の夜を華やかに彩る

エンタメディナーショーを体験したい！

滞在中に一度は見たいディナーショー。マジックやイリュージョン、トロピカルショーなど、さまざまなエンターテイメントを楽しみながら思い出のディナーを。➡P44

（ ナイトエンタメショーについて ）

どんなものが見られるの？
グアムのエンタメショーはアメリカ本土で人気のマジックやプログラム、演出をベースに、アイランドダンスなどグアム独自のパフォーマンスが楽しめる。

予約は？ 送迎はあるの？
基本的には予約必須。ホテルなどでも予約できるが、ツアーデスクなどで申込みも可能。送迎は事前予約でOKなこともあるので、事前に交通費の手段は確認しておこう。

写真はOK？
ショーの間は写真やビデオの撮影は不可。ただし終演後にキャストと一緒に記念撮影サービス（購入は別料金）を行っていることも。

食事はどんなものがある？
ディナーは基本的にビュッフェ形式で、アメリカンなBBQ料理や、イタリアンなど洋食メニューはもちろん、チャモロ料理も並び、基本デザートやドリンクも付いている。

ショーを見ながら楽しくディナー。こだわりのグルメを味わえる

SCENE 4

大人も子どもも楽しめる

ウォーターパークで遊びつくしたい！

さまざまなタイプのプールや迫力満点のスライダーなどが揃うウォーターパーク。絶対外せないアトラクションやウォーターアクティビティをチェックしておこう。➡P30

ウォーターパークの定番、ウォータースライダーはスリル満点

広大な敷地の中でさまざまなアクティビティに挑戦！

（ ウォーターパーク基本情報 ）

遊び放題！
1日チケットを購入して入場。趣向を凝らしたプールやスライダー、アクティビティなど、1日では遊びつくせない充実度だ。

ホテルゲストは絶対お得
ウォーターパークはホテルに併設もしくは近接し、宿泊客は無料またはディスカウント価格で利用できる。ウォーターパーク目当てでホテルを選ぶのもアリ。

持ち物は？
基本的に水着、日焼け止めがあればOK。タオルや浮き輪などの遊び道具、ライフジャケットもレンタル可能なことが多い。

施設＆セキュリティ
各ウォーターパークにはロッカー、シャワー、更衣室が完備。貴重品はロッカーへ。レストランやドリンクコーナーもある。

大型ショッピングセンターで
思いっきりお買物を
楽しみたい!

自分だけの
お気に入りをゲット!

ホテルロードを中心に大型商業施設がが集中しているタモン。数多くのラグジュアリーブランドが軒を連ね、どこも免税価格で商品を販売。グアムメイドの商品も充実。➡P67

プチプラコスメやチョコレート菓子など、友だちへのおみやげもバリエーション豊富

ホテルロードは大型ショッピングモールが集まる買物天国

南国気分を満喫
ひんやり、おいしい!
トロピカルな
カラフルスイーツ

常夏のグアムでひんやりスイーツ

見た目も華やかでカラフルなかき氷やアイスクリーム、南国フルーツをたっぷり使ったトロピカルなカラフルスイーツ。ビーチ遊びやショッピングの合間にぜひ味わいたい!➡P114

1:トッピングもキュートなカラフルアイスは、SNS映えもバッチリ 2:アイスに食いつくたい焼きはいかが? 3:おしゃれ女子に人気のシェイブアイス

かわいさにビックリのシェイブアイス♡

SCENE 7

いろいろアップしたい
フォトジェニックスポットへ出かけよう！

街歩きを楽しみながら
人気スポットへ

タモンの街なかにはSNSで自慢したくなるようなスポットがいっぱい。ストリートアートやカラフルな建物、おしゃれなオブジェなどフォトジェニックな場所を探して撮影しよう！

📷 羽のアートが描かれているアカンタモールの壁

ACANTA
GUAM, USA

📷 「ホリデーリゾート向かい」の赤いシャトルバスの停留所

I ♥ GUAM

📷 パッと目を引くピンクの壁はタモン・トレード・センター

TUMON TRADE CENTER
GUAM U.S.A.

HEAVY HITTERS

📷 グアムリーフホテル前にあるオブジェ

GUAM

3泊4日王道モデルプラン

ビーチ、グルメ、アクティビティ、ショッピング……。
グアムの魅力を効率よく満喫するプラン。

DAY1

常夏の旅の始まり！
**初日はのんびり
ディナーショー**

(14:15)
**グアム
国際空港に到着**

↓ ツアーバスで約20分

上手に
乗りこなしたいね

グアム内の移動は赤い
シャトルバスが便利

(15:30)
タモンのホテルへ

↓ 赤いシャトルバスや
徒歩で

(16:30)
**ホテルロードで
ショッピング**

↓ 赤いシャトルバスで
約10分

おすすめ
コスメも！

すぐに使えるT
シャツやボディ
ケアアイテムも

(18:00)
**ディナーショーで
夕食**

↓ 赤いシャトルバスで
約10分

ホテル・ロードを歩きデュシットプレイス→P76やTギ
ャラリア グアムby DFS→P74でショッピング。ABC
ストア→P84もチェック！

(20:30)
ホテル着

タオタオ・タシ→P46では迫力あ
るダンスに魅了される

ビュッフェディナーも人気が高い

アレンジプラン

グアム到着後、時間に余裕のある
場合は恋人岬観光もおすすめ。岬
から眺めるサンセットは格別。
→P42

今回のホテルはタモンの
ウェスティン リゾート グ
アム→P121

DAY 2
アクティブに過ごす1日
タモンを
遊びつくす！

ビーチからすぐのビーチハウスグリルでランチ→P52

クルージングとドライブが一度に楽しめるアトラクションを体験！→P16

ヒルトン グアム・リゾート＆スパ内にあるスパ アユアラン→P118へ

ヒルトン内のレストラン、フィッシャーマンズ・コーブ→P105でディナー

朝ごはん調達にはABCストアが便利→P84

8:30
1日の始まりは
おいしい朝ごはんから

↓ 徒歩10〜20分

10:00
タモン・ビーチで
おもいっきり遊ぶ

↓ 徒歩5〜15分

12:00
ランチは
ハンバーガーで決まり

↓ 徒歩約5分

13:30
ライド・ザ・ダックで
グアムの名所をめぐる

↓ 赤いシャトルバスで約30分

15:40
グアム・プレミア・
アウトレットでお買物三昧

↓ 赤いシャトルバスで約20分

17:30
スパでリラックス

↓ ホテル内で移動

19:30
夕食は新鮮な
シーフードを

↓ 赤いシャトルバスで約20分

21:30
ABCストアで
翌日の朝食を購入

爽やかな朝のブレックファースト

色鮮やかなザ・クラックド・エッグのパンケーキ→P92

1：紫外線が強いので日焼け止めを忘れずに
2：白い砂浜が続くタモン・ビーチ→P18

2
ビーチアイテムを用意して海へ出発

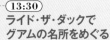

掘出し物が見つかるかも！

グアム・プレミア・アウトレットでショッピング→P72

キャミソールやサンダルなどお気に入りのものをゲット！

ADVICE！
タモンの中心部以外は人通りが少ないので夜歩くのは危険。シャトルバス最終便に乗り遅れないように注意しよう。

アレンジプラン
足を延ばしてハガニア散策もおすすめ。タモンからは少し距離があるが、せっかくグアムに来たのならチャモロ文化についても知っておきたい。スペイン広場や聖母マリア大聖堂などみどころも満載。→P56

⑬

DAY3

南国らしさを満喫
リゾートで優雅な時間を

9:00
ホテルで朝食後、ツアーに出発

↓ ツアー送迎で約50分

10:00
ビキニ・アイランド・クラブでたっぷり遊ぶ

↓ ツアー送迎で約50分

16:00
ホテルに到着

↓ 赤いシャトルバスで約10分

ザ・ビーチ レストラン & バー→P96でサンセットディナーを

18:00
ガン・ビーチでサンセットを眺めながら夕食

↓ 赤いシャトルバスで10分

20:00
タモンでおみやげ探し

ココスラグーンにある幻の島ビキニ・アイランドへ

お気に入りを探しにGO！

JPスーパーストアで友人や職場へのおみやげ探し→P80

ココもCheck！

ビキニ・アイランド・クラブ→P22のツアーはビキニ・アイランドへ行くだけでなく、イルカウオッチングやマリンアクティビティも楽しめる。

DAY4

帰りたくない～！
最終日も有意義にツアーに参加

人気のロコモコは必食！

創作チャモロ料理のリトルピカズ→P91でラストごはんを

7:00
ホテルを出発

↓ ツアーの送迎で移動

7:30
ウミガメウォッチングツアーに参加

↓ ツアーの送迎で移動

10:00
ホテルに到着

↓ 徒歩約10分

12:00
ラストランチはローカルに人気のレストランへ

↓ 徒歩約10分

14:00
ホテルで荷物をピックアップ

↓ ツアーバスで約20分

14:00
グアム国際空港でチェックイン

海の人気者に会いに行こう

ワンダラーズのツアーでウミガメとスノーケリング→P35

ADVICE！

通常チェックアウトは11時頃。ツアー帰着後でも間に合うか事前に確認を。間に合わない場合はツアー出発前にチェックアウトを。

アレンジプラン

帰国日はあまり時間がないが、午後出発のフライトで滞在が土・日曜に重なるなら、デデドの朝市へ行くのもいい。朝6時スタートの朝市は、ローカル気分いっぱい！ 朝ごはんの食べ歩きも楽しい。→P66

Lala Citta Guam

Theme1

アクティビティ
Activity

常夏のグアムには挑戦したい体験がいっぱい。

グアムの海、山、空をまるごと感じて

リゾートステイを存分に楽しんで！

水陸両用のアクティビティ

ライド・ザ・ダックでグアム観光

グアムの人気アクティビティといえば水陸両用観光バスツアー。爽快なドライブと
迫力のクルージングを体験できるほか、車窓からの名所観光付き。一度に3つの楽しみが味わえる。

Splash Dive!

「ダックス」とよばれる現代版水陸両用車でグアムを満喫

付録
MAP
P11C3

ライド・ザ・ダック・グアム

Ride The Ducks Guam

エリア タモン

車体を
Check!

全長約10mで
36人乗車可
能。車体は第二
次世界大戦で
使われた水陸
両用車を再現

目を引く黄色いバスは注目度No.1!

黄色の水陸両用車で、タモンから港までドライブ。港に着
くと大迫力の海上ダイブでクルージングがスタート! 波が
穏やかなポイントでのクルージングは爽快なひと時。帰り
のタモンまでの道中ではハガニアの観光スポットを車窓
見学できる。車内アナウンスは英語などだが、日本語のオー
ディオガイドあり。

DATA ⊠タモンシャトルでサンドキャッスル／ハイアットリージェンシー前下車すぐ
⊕サンド・キャッスル・グアム(→P44)前から出発 📞(671)646-8000 ⏰月・
木・土曜13時30分〜、15時30分〜(土曜11時30分もあり) 休火・水・金・日曜 ¥$55(2〜11歳は$25)
🌐bestguamtours.jp/cruise/ride-the-duck/ 要予約

Let's
Sightseeing

車内アナウンス
は、英語、日本語
を含め5カ国語
対応

もらえます!

アヒルのくちばしの
形をした笛 "ク
ワッカー"

スタッフの合図に合わせてクワッカーで大合唱

Drive!

車道をドライブ!
繁忙期には増便
する

※2023年11月現在休業中。2024年再開予定。再開後のスケジュールや料金など最新情報はHPで確認を。

Start!!

13:30 出発

集合・受付はサンドキャッスル前。クワッカーは受付で配布される。全員がダックスに乗り込んだらいよいよ出発！

13:45 港までドライブ

黄色い大きな車体はどこでも注目の的。窓はなく全開なので風が気持ちいい。童心に返って、はしゃいでしまいそう。

アサン・ビーチ・パークなどの名所をめぐりながら港まで約30分のドライブ

14:10 海上周遊

いってらっしゃ〜い！

クルージング時間は約15分。波は穏やかで潮風が心地いい。通常の観光ツアーでは見ることのない景色を海から見学。

スキューバーダイビングに向かう船にごあいさつ

14:00 海へスプラッシュ!!

港に着くとタイヤが収納され車からボートに大変身。そして大きな水しぶきを上げて海へダイブ！お待ちかねのクルージングがスタート

14:30 ハガニア周遊

海から上がると次はハガニアまでドライブ。聖母マリア大聖堂、ラッテ・ストーン公園などグアムを代表する名所を車窓見学。

15:00 到着

ハガニア観光の後はサンドキャッスルへ。

Goal

`＼ 透明な海とカラフルな熱帯魚の楽園♡ ／`

人気No.1タモン・ビーチ

カラフルな熱帯魚がサンゴに戯れるタモンの海はリゾート感満載。
ホテルからも近く、ビーチ用品もレンタルできるのでツーリストにはとても便利。
アクティビティや浜辺の散歩など、自分なりの楽しみを見つけよう。

付録 MAP P11C3 タモン・ビーチ
Tumon Beach 　エリア　タモン

真っ白な砂浜と
青い海のコントラスト

タモンのビーチは旅行者にとって絶好のロ
ケーション。タモン湾は自然保護区に指定さ
れており、色彩豊かな熱帯魚が姿を見せるス
ノーケリングスポットとしても有名。週末には
ローカルも集まってさらに賑わう。

`DATA` タモンシャトルでタモンエリア内の各バス停下
車、徒歩5〜10分

南国の太陽を浴びて
お昼寝タイム

ビーチでのんびり♬

のんびり♬

波音を聞きなが
ら海を眺めるシ
アワセ時間

ビーチ用品は
レンタルOK！

パラソルとチェアはセット
でレンタル。ビーチにはレ
ンタルできるショップも

島の西側にあり、絶好のサンセットスポット

アクティビティも充実

南国らしい色鮮やかなハイビスカス

青い空にヤシの木が南国気分を盛り上げる

ローカルガールにも人気のビーチ

夕方には散歩するローカルの姿も

アクティビティで楽しむ！

アクアサイクル
海の上をスイスイとサイクリング

アドベンチャー気分で海上散歩
カヤック

ペダルボート
人数により値段とサイズが異なる

いろいろな熱帯魚を間近で見られる
スノーケリング

\ ここで申し込む！ /

イサ・アクア・スポーツ
Isa Aqua Sports　付録MAP/P11D2　[エリア] **タモン**

デュシットビーチリゾートグアム裏のビーチにあり、各種マリンアクティビティの申し込みや、チェア＆パラソルのレンタルにも対応。

DATA 🚌タモンシャトルでデュシットビーチ／デュシットプレイス前下車、徒歩5分 📞(671)647-9742 🕐9時〜16時 🈳なし 💰バナナボート$40、カヤック$20〜、ビーチチェア＆パラソル$10〜、スノーケリングセット$20〜など

タモン・スポーツ・クラブ
Tumon Sports Club　付録MAP/P11D2　[エリア] **タモン**

グアム・リーフ・ホテル寄りのビーチにあり、バナナボートやカヤックなどマリンアクティビティをサポートしてくれる気さくなスタッフが揃う。

DATA 🚌タモンシャトルでデュシットビーチ／デュシットプレイス前下車、徒歩5分 📞(671)646-6640 🕐9〜17時 🈳なし 💰スノーケリングセット$15〜（1日）、カヤック$35（1時間）、バナナボート$40（30分）、ジェットスキー$80〜（30分）など

※原則、タモン湾でジェットスキーは禁止されているが、上記のビーチ クラブのみ使用許可を得ている

アクティビティ　タモン・ビーチ

アクティビティが充実!
ココス・アイランド・リゾート

グアム最南端に浮かぶ33万㎡の島。島全体がマリン・アクティビティ施設として利用されており、人気のアクティビティの多くが体験できる。自然いっぱいの島で、元気な休日を楽しもう。

Let's play!!

グアム固有の鳥
ココバード

エメラルドグリーンの
美しい海が広がる

人気のバナナボートは早めに予約を

アクティビティに疲れたらビーチでのんびり過ごそう

Activity list

□ ボートスノーケリング
料$25 ※5歳〜 (所要)約1時間

□ パラセーリング
料1人乗り$60、2人乗り$100 (所要)約30分

□ ヘルメット・ダイビング (シーウォーカー)
料$80 ※8〜80歳 (所要)約50分

□ 体験ダイビング
料$80 ※10歳〜 (所要)約1時間

□ 水上バイク (ジェットスキー)
料1人乗り$40、2人乗り$60
※操縦16歳〜、同乗5歳〜 (所要)約15分

□ バナナボート
料$25、6〜11歳$20 ※6歳〜
(所要)約15分

□ サンドバギー
料1人乗り$25、2人乗り$40
※運転10歳〜、同乗3歳〜 (所要)約15分

付録 MAP P7B4 ココス・アイランド・リゾート
Cocos Island Resort
エリア グアム南部

1日遊べるアクティビティ・アイランド

白いサンゴ礁に囲まれた遠浅のビーチは波が穏やかで、ツアー参加者がアクティビティを楽しむ姿が見られる。各種アクティビティや飲食の支払いはクーポン(事前または島で購入)で行われる。レストランやシャワー室完備のロッカールームなど、島内施設は、広くて清潔に保たれていて過ごしやすい。

DATA ⛴メリッソ桟橋から船で10分 住Merizo ☎(671)646-2825/2826(予約オフィス) 時メリッソからココス島始発10時〜ココス島からメリッソ最終16時30分 休なし 料各種パッケージツアーあり(下記参照)。アクティビティは別途。バリュークーポンはセンターハウス、またはツアーデスクで購入(ネットでの申込み可) URL www.cocos-island.jp/ 📱💳🎫 要予約

ツアーで行く場合
ホテルからメリッソ桟橋までは専用バスで行き、ボートに乗り換えてココス島へ。

主なパッケージツアー		
半日ココス	(所要)約6時間 料$58、2〜11歳$37	送迎付き
スーパーマリンリゾートココス	(所要)約8〜9時間 料$89、2〜11歳$45	送迎、ランチ・ドリンク付き

個人で行く場合
レンタカーでメリッソ桟橋まで行き、専用駐車場に駐車してからボートでココス島へ。ボート乗船料と入島料で$40。メリッソからの始発は10時、ココス島からの最終は16時30分。

※ココス・アイランド・リゾートは2023年11月現在休業中。再開予定および再開後のスケジュールや料金はHPで確認を。

ココス島の1日モデルプラン

7:40～8:25　各ホテルからメリッソへ

タモン中心部から約1時間のメリッソ桟橋へ。あらかじめ洋服の下に水着を着ておくと、島での行動がスピーディに

10:10　ココス島到着

白いボートに乗り換えて約10分でココス島へ。ロッカールームで着替えて、貴重品はロッカーに保管しよう

10:20　予約&オリエンテーション

センターハウスで施設やアクティビティの説明を受け、カウンターで申込み。参加したいアクティビティは早めに予約を

13:00　島を満喫

アクティブ派は午後もアクティビティに参加。サンドバギーで島をぐるっと回って、大自然を楽しむのもおすすめ

12:00　ランチビュッフェ

ランチはビュッフェスタイル。水着のままでもOK。12時前が狙い目なので早めに腹ごしらえをして午後に備えよう

11:00　アクティビティに挑戦！

申し込んだアクティビティの時間に集合場所へ。うまく組み合わせれば2つくらいのアクティビティに参加できるかも

16:30　最終ボートでメリッソへ

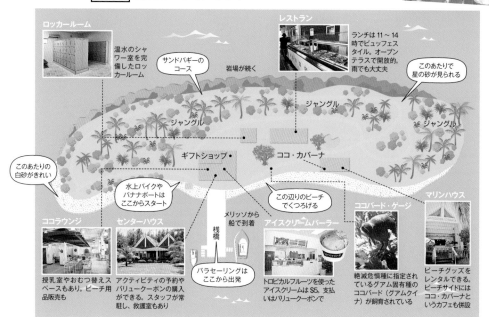

ロッカールーム
温水のシャワー室を完備したロッカールーム

サンドバギーのコース

岩場が続く

ジャングル

ジャングル

ジャングル

レストラン
ランチは11～14時でビュッフェスタイル。オープンテラスで開放的。雨でも大丈夫

このあたりで星の砂が見られる

このあたりの白砂がきれい

ギフトショップ

ココ・カバーナ

水上バイクやバナナボートはここからスタート

この辺りのビーチでくつろげる

メリッソから船で到着

桟橋

パラセーリングはここから出発

ココラウンジ
授乳室やおむつ替えベースもあり。ビーチ用品販売も

センターハウス
アクティビティの予約やバリュークーポンの購入ができる。スタッフが常駐し、救護室もあり

アイスクリームパーラー
トロピカルフルーツを使ったアイスクリームは$5。支払いはバリュークーポンで

ココバード・ゲージ
絶滅危惧種に指定されているグアム固有種のココバード（グアムクイナ）が飼育されている

マリンハウス
ビーチグッズをレンタルできる。ビーチサイドにはココ・カバーナというカフェも併設

幻の島ビキニ・アイランドへ行ってみたい！

ビキニ・アイランド・クラブ

潮が引いたときだけ現れる砂の島「ビキニ・アイランド」。SNSなどで見たことがある人もいるのでは？
島で遊べるアクティビティを唯一催行しているのが、ビキニ・アイランド・クラブだ。

ビキニ・アイランドは浅瀬になっているので、素潜りもラクラク

ビキニ・アイランドにはブランコが設置されていて、SNS映えもバッチリ！

海の真ん中にポツンと現れる浅瀬は感動的な美しさ！海の上を歩けるなんて感激

♁ Activity list ♁

☐ パラセイリング　☐ アクアウォーカー　☐ ジェットスキー
☐ スーパースクリーマー　☐ バナナボート
☐ ビキニ・アイランドツアー　☐ イルカウォッチング
☐ プライベートボートチャーター

海に浮かんでグアムの太陽をチャージ！

付録MAP P7B4 **ビキニ・アイランド・クラブ**
Bikini Island Club
エリア グアム南部

引き潮の時だけ現れる神秘の島で遊ぶ

グアム島南端のココスラグーンにあるビキニ・アイランドは、潮が引いたときだけ砂浜が現れる幻の島。透き通った海に白い砂浜の島が浮かび上がり、神秘的な美しさ！海の上のブランコに座って写真撮影も楽しめる。そんなビキニ・アイランドへ行くなら、ビキニ・アイランド・クラブのマリンパックを利用しよう。拠点となるマリンセンターにはレストランやコンビニ、ロッカーなども併設されていて便利。

DATA 🚗タモン中心部から車で50分 🏠Lot5 448 Chalan Kenton Tasi, Merizo 📞(671)828-8889 🕐10〜16時 休なし 🌐bikiniislandclub.world/# 💴要予約

主なパッケージツアー
マリンパック（7時間ツアー）
料$155(7〜13歳$115、3〜6歳$65)
イルカウォッチング、ジェットスキー、バナナボート、ボートスノーケリング、ビキニ・アイランドツアー、ランチ、ホテルからの送迎を含む

プライベート空間でマリンアクティビティ

グアム・オーシャン・パーク

グアムには、誰でも自由に遊べるビーチのほか、運営会社が管理する有料のビーチも点在。
さまざまなアクティビティが楽しめるほか、更衣室やロッカー、売店も備えている。

プライベート感いっぱいのアプラビーチ

キレイなビーチでのんびりカヤック

ウェイクボードに挑戦！スタッフが教え
てくれるので、初めてでも立てるように

🌴 Activity list 🌴

- □ パラセイリング
- □ ジェットスキー
- □ バナナボート
- □ シュノーケルツアー
- □ スクリーマー
- □ ウェイクボード
- □ キッズボート
- □ カヤック
- □ SUP

海の上を爽快に走るジェットスキー

主なパッケージツアー

フリーパス（午前／午後コース）
料$200（2〜11歳$30）
パラセイリング、ジェットスキー、バナナボート、スクリーマー、ウェ
イクボード、キッズボート、シュノーケルツアーが遊び放題でラ
ンチ、主要ホテルからの送迎付き

付録
MAP
P8A4

グアム・オーシャン・パーク

Guam Ocean Park

エリア タムニング

メインビーチはグアム最大級の広さ

日本人スタッフが常駐し、豊富なマリンアクティビティを体験できるビーチ
施設。タモンからもほど近いメインビーチは、約2000坪の広さ！トロピカル
ムード満点で、ゆったりとした時間を満喫できる。セカンドビーチのアプラビ
ーチは、自然に囲まれ透明度の高い美しい海が魅力。カヤックやSUP、浮
き輪などビーチを楽しむアイテムは無料で利用できる。

DATA 交タモン中心部から車で15分　住169 Bishop Flores St.
☎(671) 477-8532/969-2211（日本語OK）
時8〜17時　休なし
guamoceanpark.com/ 要予約

`\`とにかくビーチでくつろぎたい！`/`

タモン近くの絶景ビーチへ♪

タモン湾沿いには美しいビーチが連なる。ホテルが建ち並ぶ賑やかな中心部から
少しだけ足をのばして、絶景ビーチへ。観光客も少なくてリラックスできる。

美しい白砂のビーチを歩くだけでも癒やされる

付録
MAP
P8B3

イパオ・ビーチ
Ypao Beach

エリア タモン

白砂のビーチには映えスポットも

タモン・ビーチに隣接するローカルに人気のビーチ。
魚の多さはタモン湾随一で、スノーケリングスポットと
して知られる。ライフガードが常駐しシャワーもある。
ビーチパークになっているので、公園でBBQを楽し
む人も多い。

DATA →P43

大きなGUAMのサインも登場して人気

☑トイレ ☑シャワー
☑駐車場 ☑BBQ施設
アクセス★★★ 透明度★★ 砂質★★★

遠浅のビーチ
なので、スノ
ーケリングに
最適

BBQ専用の建物では、
地元の人が楽しむ姿も

付録 MAP P10B3

マタパン・ビーチ

Matapang Beach

エリア タモン

砂質のいい穴場ビーチ

ホリデイ リゾート＆スパ グアム（→P124）の前に広がる。タモン中心地から少し離れているため人が少なく、のんびり過ごせる。波が穏やかなので子ども連れにも人気。

DATA タモンシャトルでホリデー リゾート前下車

遠浅で波も穏やかなのでファミリーにもおすすめ

☑トイレ　☑シャワー
☑駐車場　☑BBQ 施設
アクセス★★　透明度★★★　砂質★★★

日中はライフガードが常駐しているので安心。建物もかわいい

付録 MAP P11D1

ガン・ビーチ

Gun Beach

エリア タモン

ロマンティックなサンセットで有名

美しいサンセットで知られるタモン湾最北に位置するビーチ。ビーチにはザ ビーチ レストラン＆バー（→96）があり、絶景を眺める人で賑わう。夕方には赤いシャトルバスも停車する。

DATA → P42

ヤシの木越しに夕日がきらめくさまはまさに絶景

□トイレ（周辺施設を利用）□シャワー
□駐車場　□BBQ 施設
アクセス★★　透明度★★★　砂質★★

水平線に沈む夕日を眺めたあとはディナーを楽しもう

ビーチの端に旧日本軍の大砲が残っていることが名前の由来

グアムの海でこれがしたい！

目的別マリン・アクティビティ

マリン・アクティビティが豊富なグアム。爽快感、スピード感を味わえるものから、
ヘルメットをかぶるだけのお手軽水中散歩まで、日本では体験できない感動を。
※「ここでできる」の Ⓐ～Ⓗ の情報はP28～29を参照

空中を散歩したい！

Activity 1 パラセーリング

美しい海を上空で満喫

パラシュートを着用し、モーターボートに
引っ張られて上空へ。海面から約20mの
高さに上昇し、美しい海を眺めながら空中
散歩できる。滞空時間は8分ほど。海と空
の一体感がやみつきに。

ここでできる 》 Ⓐ Ⓑ Ⓔ Ⓕ

↑1人乗りはかなり高く上がるのでスリリング。
海を上から眺めるのは爽快

2人乗りは友人や
家族、カップルで
一緒に楽しめる

乗り物に乗って水上を走りたい！

Activity 2 バナナボート

スピーディに水上を駆ける

バナナの形のボートに乗り、水上バイクで引っ張られる。仲
間とワイワイ楽しめるのも魅力。ボートから振り落とされる
こともしばしばなので、ライフジャケットは必ず着用しよう。

ここでできる 》 Ⓐ Ⓑ Ⓔ Ⓕ

見た目と裏腹にかなり
ワイルド。しっかりつか
まり、動きに身を任せて

Activity 3 シーカヤック

のんびり風景も楽しめる

1人乗りか2人乗りのカヤック
に乗って水上へ。安定性が高
いので初心者でも意外と簡単。
パックに含まれている場合もあ
るので、ぜひチャレンジを。周
りの景色を見られるのも特長。

ここでできる 》 Ⓐ Ⓔ Ⓗ

2人乗りは2人の息を
合わせて漕ぐこと。ひっ
くり返ってもあわてずに

Activity 4 ジェットスキー

免許不要の海上ドライブ

ハンドルとグリップ操作だけで運転できる乗り物。ブレー
キがないからスピードの出し過ぎに注意して。コツをつか
めば、波しぶきを浴びながら豪快な水上疾走が楽しめる。

ここでできる 》
Ⓐ Ⓑ Ⓔ

16歳以上であれば、グ
アムでは免許なしで運
転することができる

Activity 5 ボード・セーリング

風を感じて進む

インストラクターに立ち方やセイ
ルの扱い方をレクチャーしてもら
い、風を受けて進む。海面を滑
るように進むのがこのアクティ
ビティの楽しさ。身長120cm～
なので、子どもでも挑戦できる。

ここでできる 》 Ⓗ

両足でしっかり
立てる位置を
探し、風の向き
にセイルを合わ
せるのがコツ

海の生き物と出合いたい！

Activity 6 イルカウォッチング

波の間を泳ぐイルカと合える

グアムに生息しているのはハシナガイルカ。人懐っこい性格で船を見つけると近くまで寄ってきて泳いだり、ジャンプしたりして遊んでくれることも！

ここでできる｝Ⓑ Ⓓ Ⓕ

ツアーでは熟練のスタッフがイルカを探してくれる

Activity 7 ウミガメウォッチング

ウミガメと一緒に泳げるツアーも

グアムの海にはウミガメも多く生息する。スノーケリングでウミガメと一緒に泳げるツアーもあるので、参加してみよう。悠々と泳ぐ姿に癒やされること間違いなし。

ここでできる｝Ⓒ

思っているより大きいウミガメ。驚かさないように近づいて

Activity 8 スノーケリング

熱帯魚と一緒に泳ぐ

透明度が高いグアムの海は、スノーケルを楽しむのに最適。多くのビーチ・クラブで基本プランに含まれていることも多いので、気軽に遊べる。おすすめポイントまでボートで行くツアーもあり。

ここでできる｝Ⓐ Ⓑ Ⓒ Ⓓ Ⓔ Ⓕ Ⓗ

マスクとスノーケルさえあればどこでも楽しめる

Activity 9 アクアウォーク

水中散歩の定番

空気が送り込まれるヘルメットをかぶってダイビングし、水底を歩くアクティビティ。シーウォーカー、シートレックなど施設によって名称は変わるが、同じような器材で顔が濡れずに潜れる。

ここでできる｝Ⓐ Ⓑ Ⓕ Ⓖ

目の前を熱帯魚が通る世界は、一度体験したらやみつきに

Activity 10 体験ダイビング

本格的に潜るならこれ！

海の中を自由に動きたいならダイビングが一番。器材装着の説明は丁寧にしてくれるから初心者でも安心。グアムの海でしか見られないスポットも点在するので、ぜひチャレンジを。初級ライセンス（Cカード）取得には通常3日かかる。日本のショップで学科講習を受けておけば、約2日間の実地講習で済むことも。　ここでできる｝Ⓐ Ⓒ

ダイビングの流れ
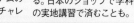

1. ショップで受付
ホテルから専用バスでショップへ。受付を済ませてビーチに集合

2. ビーチで講習
体験前に水中のサインなど、基礎知識をしっかり学んでおこう

3. 装備を装着
ウェットスーツに着替え、装備をチェック。トイレも済ませておく

4. ダイビング開始
水中のサインの最終確認をして海へ。少しずつ潜っていくのがコツ

スピード感がスゴイ

Activity 11 スクリーマー

水面が近く迫力満点

ジェットスキーが引っ張る大きな浮き輪に、腹ばいになって乗るアクティビティ。水面が目の前なので、迫力とスリルを全身で体感できる。友だちと一緒に乗って盛り上がろう。

海上を跳ねる絶叫系アクティビティ

ここでできる ➤ B E

かなり難易度高し

Activity 12 ウェイクボード

ビーチの主役に

ボードに立ち、モーターボートに引いてもらって波に乗るアクティビティ。ボードの上に立つことが難しいので、初心者は心してチャレンジを。波に乗れるようになれば最高の気分を味わえるはず。

スタッフが丁寧に指導してくれるからあきらめずにチャレンジを

ここでできる ➤ A E

マリン・アクティビティの申込先はこちら	データ	おすすめパック	パラセイリング	バナナボート
A ココス・アイランド・リゾート Cocos Island Resort エリア グアム南部　付録MAP/P7B4	P20	2023年11月現在休業中最新情報はHPで確認を	★	★
B ビキニ・アイランド・クラブ Bikini Island Club エリア グアム南部　付録MAP/P7B4	P22	マリンパック（7時間ツアー）料$155、7〜13歳$115、3〜6歳$65	★	★
C ワンダラーズ WANDERERS エリア グアム西部　付録MAP/P6B1	☎(671)688-1163 営7時30分〜18時　休日曜 URLwanderers-guam.com	ウミガメボートスノーケル料$115(8歳以上)→P35		
D フィッシュアイマリンパーク Fish Eye Marine Park エリア グアム西部　付録MAP/P6C1	P35	竜宮城シュノーケリング料$48〜(ランチ付き$56〜)、6〜11歳は半額		
E グアム・オーシャン・パーク Guam Ocean Park エリア タムニング　付録MAP/P8A4	P23	フリーパス（午前／午後コース）料$200、2〜11歳$30	★	★
F スキューバカンパニーマリンスポーツ Scuba Co.Marine Sports エリア タムニング　付録MAP/P8A3	☎(671)649-3369　営7〜18時 休なし　URLscubaco.com 〈問合先〉スキューバカンパニー東京 ☎03-5731-3488(日本)	イルカ・ウォッチング＆オーシャン・パーク・ツアー料$65、6〜11歳$35、5歳以下無料　→P34	★	★
G アクエリアム オブ グアム Aquarium of Guam エリア タモン　付録MAP/P11D3/P15	P53	オーシャンサファリ料入館料$23、3〜11歳は$15、2歳以下無料		
H パシフィック・アイランド・クラブ・グアム ウォーターパーク Pacific Islands Club Guam Water Park エリア タモン　付録MAP/P10A3	P30	1日会員コース（ビジター）料$110、2〜11歳は$55送迎・ランチ付き		

アクティビティの申込みはビーチ・クラブで

●ビーチ・クラブとは？

ビーチや海上で楽しめるマリン・アクティビティの器材を貸し出したり、ツアーを催行するマリン・レジャー施設。ホテルまでの送迎、ランチ付きのプランが多く、いくつかのアクティビティを選べるパックがおすすめだ。日本語の話せるスタッフがいる施設も多い。

●申込み時の注意点

1 予約は前日までにツアーデスクかインターネット、旅行会社などで

2 年齢や身長など制限があるアクティビティもあるので確認を

3 日本から予約した場合、現地到着後の予約変更はできないことも。申込時に条件の確認を忘れずに

シーカヤック	ジェットスキー	ボード・セーリング	イルカウォッチング	ウミガメウォッチング	スノーケリング	アクアウォーク	体験ダイビング	スクリーマー	ウェイクボード
★	★				★	★	★		★
	★		★		★	★		★	
				★	★		★		
			★		★				
★	★				★			★	★
			★		★	★			
						★			
★		★			★				

※アクアウォーク、体験ダイビングなどの後は、一定時間飛行機への搭乗不可なので注意。
詳細は各アクティビティ会社に確認を

子どもも大人も1日楽しめる

ウォーターパークで遊ぼう

ウォーターアクティビティを満喫したい人におすすめのウォーターパーク。迫力のスライダーから
子どもに人気のキッズプールまで、一日では遊びつくせない楽しみがいっぱい。

付録
MAP
P10A3

パシフィック・アイランド・クラブ・グアム ウォーターパーク

Pacific Islands Club Guam Waterpark

エリア タモン

施設内にはゲーム、カヤック、キッズなど目的別にプールが7つも

グアム最大級! 巨大ウォーターリゾート

スライダー、カヤック、「泳げる水族館」、ボードセーリング、アーチェリ
ーなど、海・プール・陸の種類豊富なアクティビティが楽しめる。パシフ
ィック・アイランド・クラブ・グアム(→P123)宿泊者は無料。

DATA ⊗タモンシャトルでパシフィックアイランドクラブ前下車すぐ 住H パシフィック・ア
イランド・クラブ・グアム(→P123)内 ☎(671)646-9171 ⏰9〜20時 ⏰なし
💰1日会員$110、2〜11歳$55(パシフィック・アイランド・クラブ・グアム宿泊者は無料)
🌐pic.premierhotel-group.com/guam/

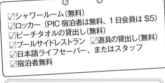

☑シャワールーム(無料)
☑ロッカー(PIC 宿泊者は無料、1日会員は $5)
☑ビーチタオルの貸出し(無料)
☑プールサイドレストラン ☑遊具の貸出し(無料)
☑日本語ライフセーバー、またはスタッフ
☑宿泊者無料

ココがおすすめ

・海と多彩なプールを一度に楽しめる

・競泳、ゲーム、キッズなど目的別にプールが
分かれているので安全

・クラブメイツと一緒に遊べる「キッズクラブ」
がある。レッスンも開催

・キッズプールやプレイグランドなど
キッズ向け施設が充実

・夜20時まで営業している

バラエティ豊富なプールアクティビティ

泳げる水族館

難易度 ★★★

身長 120cm以上
グアム近海に生息す
るたくさんの魚と泳げ
るスノーケルプール。
波がないので安全。
スノーケル道具は無
料でレンタル可。要
予約。時間は10時
〜15時30分。

ゲーム用プール

難易度 ★★★

水中バスケや水面を
走るゲームなどで遊
ぶことができる。クラ
ブメイツとの対戦も。

ラグーンカヤック

難易度 ★★

波のない穏やかなラ
グーンでカヤックを
体験できる。初心者
におすすめ。

キッズも大満足！

キッズウォーターズー　難易度 ★

水面にワニ、カバ、カニなどの動物が浮かぶ子ども向けプール。水深が80cmと浅く、小学生にもおすすめ。

シッキースプラッシュプール　難易度 ★

水深30cmなので乳幼児でも遊べる。バケツの水がいっぱいになると滝のように一気に流れ落ちるアトラクションやミニスライダーなど、子ども向けながら楽しいアトラクションが充実。

マリン・アクティビティにもトライ

ボードセーリング、カヤック、セーリング・ホビーキャットなどのマリンアクティビティが無料で楽しめる。クラブメイツのレッスンも受けられる。

波が穏やかなので、比較的簡単にトライできるカヤック。子どもは保護者同伴で参加を

セーリング・ホビー・キャットは要予約で、操作はクラブメイツにおまかせ

ボードセーリングは120cm以上が対象で初心者にはレッスンを開催

ビーチサイド
ウォーターパークに隣接。マリン＆ビーチアクティビティはここで体験

メインプール
約90mと約40mの2つのスライダーに隣接する大きなプール

キッズクラブ
クラブメイツと一緒に遊べる。保護者同伴不要で、対象は4～12歳。1日、午前、午後の3コースあり、PIC宿泊者と1日会員は無料（ランチ代は別）。🕘9時～16時45分

サンセット・バー
ビーチ近くにあり、トロピカルカクテルやビールを用意。夜はBBQ会場に

ビーチサイド
カヤック、ボードセーリング、セーリング・ホビー・キャット
シャワー
ビーチセンター
シャワー
カルチャー・アクティビティ
キッズ・プレイグラウンド
レインボーチャペル
パターゴルフ
サンセット・バー
ウォーターバレー
巨大トランポリン
シッキースナックシャック（売店）
テニスコート
アーチェリー
スーパーアメリカンサーカス
ボードセーリングプール
キッズウォーターズー
スキューバセンターシャワー
競泳用プール
バスケットボールコート
エンターテイメントステージ
シッキースプラッシュプール
スキューバ用プール
ゲーム用プール
インフォメーションセンター
プール・バー
ウォータースライダー
フィットネスセンター
泳げる水族館
メインプール
ラケットセンター
ラグーンカヤック
キッズクラブ
シャワールーム
ゲームルーム
ラグーン
ラグーン
アンフィ・シアター
キッズ・プレイグラウンド

インフォメーション
タオル貸出しのほか、パーク内の情報はここで入手。🕘9～20時

ロッカー
ラケットセンター奥。1日会員は$5で利用できるので貴重品はここに

ラケットセンター
アーチェリー、巨大トランポリンなどフィールドアクティビティはここで予約。ロッカー利用もここで申し込む。🕘9～20時

付録
MAP
P8A3

星野リゾート
リゾナーレグアム
ウォーターパーク

Hoshino Resorts RESONARE Guam
Water Park

エリア **タムニング**

タムニング唯一の
大型ウォーターパーク

日本未上陸のスライダー「マンタ」や、全長360mの流れるプールなど、アクティブ派ものんびり派も納得のリゾートウォーターパーク。2023年、ホテルとともに星野リゾートの施設となった。キッズ用のプールやサービスも充実。

DATA タモンシャトルで星野リゾート リゾナーレグアム下車すぐ 星野リゾート リゾナーレグアム（→P123）内 (671)646-7777 9時30分〜17時30分 なし 入園料$55.5〜11歳$30（星野リゾート リゾナーレグアム宿泊者は無料）※2024年4月以降、アクティビティのビジター利用は不可（ウォーターパークのみ利用可能）https://hoshinoresorts.com/ja/hotels/risonareguam/sp/waterpark/

- ☑ シャワールーム
- ☑ 貴重品ロッカー（有料）
- ☑ タオルの貸出し（有料）
- ☑ プールサイドバー
- ☑ ボディボード、サーフボードの貸出し（有料）
- ☑ 宿泊者無料

ココがおすすめ

- ・日本未上陸を含む絶叫系のスライダー
- ・全長360mもある流れるプール
- ・ウェーブプールではボディボードも楽しめる
- ・キッズプログラム「クラブ・マンタ」が人気
- ・浅いプールや小さな滑り台などキッズ向け用具が充実
- ・ゆったりできるジャクジーがある

アガニア湾に面したウォーターパーク。広大な敷地で一日中遊べる

 スリル満点のアクティビティ

マンタ　難易度 ★★★　身長 122cm以上

日本未上陸の絶叫スライダー。下が見えない12mもの高さの急斜面を浮き輪に乗って滑り降り、反対側に達すると再びバックで急降下。何度も楽しめるスリルがやみつきに。

ウォータースライダー

難易度 ★★★
身長　122cm以上（Cコースは80cm以上122cm未満大人同伴）

A・Bは1人用でAは暗闇を、Bは青空を眺めながら滑り落ちる。Cは大きな浮き輪に3人まで乗れるオープン型、Dは1人用で長いトンネルを抜ける。

A・Bコース　C・Dコース

バラエティ豊かなプールをチェック！

リバープール 難易度 ★

全長360mもある流れるプール。流れに乗って、景色を眺めながらパーク内をのんびり1周してみよう。浮き輪に乗って流れに身を任せるのも楽しい。

ウェーブプール

難易度 ★★
身長 122cm以上

最大1.2mの高波など、さまざまな波が発生する波のあるプール。本格的な波を利用してボディボードやサーフィンも楽しめる。5歳以下はライフジャケットを着用

ラウンドプール

難易度 ★

水中バレーボールネットが設置された多目的プール。仲間を集めて水中バレーで盛り上がろう！

キッズプール 難易度 ★

2種類の滑り台がある水深30cmの子ども用プール。水深が浅いので、安心して遊ばせることができる。滑り台は子どもたちに大人気

屋根付きジャクジー

遊び疲れたら日差しを気にせずリラックスタイム

プールサイドバー

ビールなどのアルコール類や軽食を用意している

インフォメーション

タオルや遊具の貸出はここで。困ったことがあれば聞いてみよう

ウォータースライダー C・Dコース
ウォータースライダー A・Bコース
マンタ
ステージ
ウェーブプール
キッズプール
ボディボード
屋根付き乳幼児プール
ロッカー
屋根付きジャクジー
シャワールーム
コンビニエンスストア
プールサイドバー
ウォーターパーク入口
クラブマンタインフォメーション（集合場所）
リバープール
インフォメーション
ラウンドプール
マリンクラブ

クラブ・マンタ

クラブスタッフと数種類のゲームやイベントで一緒に遊べる。ファミリーで参加しよう

屋根付き乳幼児プール

強い日差しが気になるときに利用したい屋根付きプールも

南国リゾートの人気者が待っている

海の生き物に会いたい♥

サンゴ礁に囲まれた透明度の高いグアムの海。海洋生物に遭遇できる確率が高く、
ツアーも多数催行。ここでは海の人気者に手軽に出会える施設やツアーを中心にセレクト。

イルカに会いたい ♥♥

人懐っこい野生のイルカに会える超人気ツアー。イルカがどこを泳ぐか想定不能のため会えないこともあるが、ベテランキャプテンの経験と勘を信じていざ出発！

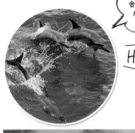

会えるのはハシナガイルカ！

Hello!

船の近くに野生のイルカが寄ってくる

Dolphin

長年の経験と目視でイルカを探します

ツアーを盛り上げるガイドさんと船長

＼まだある！／ イルカウォッチングツアー

ビキニ・アイランド・クラブ
$155（マリンパック7時間） 催行会社DATA→P22

フィッシュアイマリンパーク・イルカウォッチングクルーズ
$50（3時間） 催行会社DATA→P35

付録
MAP
P7B3

イルカウォッチング＆
オーシャン・パーク・ツアー
Dolphin Watching & Ocean Park Tour

エリア グアム西部

かわいいイルカを観察

大型自社ボートで行くイルカウォッチングを楽しんだあと、スノーケリングや水上トランポリンなどを楽しむ大満足のツアー。

DATA 住238 Farenholt Ave. ☎(671)649-3369（スキューバカンパニーマリンスポーツ） 時1便ホテル迎え8時45分〜、ホテル帰着12時45分頃/2便ホテル迎え10時45分〜、ホテル帰着14時45分頃 休なし 料$65（6〜11歳は$35、5歳以下は無料）、お弁当付き） 予要予約

熱帯魚に会いたい

色とりどりの南国の魚たち。マリン・アクティビティで水中に潜って見るのもいいが、水に潜らず手軽に見られる施設もある。小さい子どももOKなので、家族みんなで楽しめる。

巨大なハタや熱帯魚の姿に夢中になる

アクエリアム オブ グアム

付録MAP P11D3 P15

Aquarium of Guam

エリア タモン

タモンの街なかで海の生き物に出会う

全長100mもある水中トンネルのある水族館。タモン中心部のショッピングモール内にあり、気軽に海の生物に出会うことができるとあってファミリーに人気だ。頭上をウミガメや熱帯魚が泳ぐトンネル内は、まるで海底にいるよう。

DATA → P53

フィッシュアイマリンパーク海中展望塔

付録MAP P6C1

Fish Eye Marine Park Underwater Observatory

エリア グアム西部

神秘的な海の世界を観察！

青い空と海に囲まれた300mの桟橋を渡り、水に濡れずに楽しめる展望塔へ。カラフルな熱帯魚を大小24の窓から観察できる。送迎＆ランチ付きのツアーがおすすめ。

DATA 🚗 タモン中心部から車で20分（ツアーは送迎付き）🏠818 North Marine Corps Dr.,Piti 📞(671)475-7777 🕐9〜18時（季節により異なる）休なし 💰入場料$16、6〜11歳$8 🔗ja.fisheyeguamtours.com/
〈問合先〉東京事務所📞03-6434-0280（日本）

濡れることなく水深10mの世界へ

魚が目の前で泳ぎ海底にいるような気分を味わえる

海中展望塔見学コースは、水深10mの本物の海中世界を見学する基本コース（$16、子ども$8）

グアムのお魚カタログ

ブダイ
不思議な色合いでとぼけたような表情がユニーク。頭部が大きい

フエヤッコダイ
サンゴの隙間のエサをついばむのに適した細い口が特徴。単独で動く

ツノダシ
長くのびた背ビレの形が特徴的。3色の美しい配色がひときわ目立つ

ダスキーアネモネフィッシュ
クマノミの一種。頭部に白い線がある。イソギンチャクと共生している

スダレチョウチョウウオ
サンゴ礁でよく見かける。通常ペアでいることが多く、黄色の尾ビレと模様が特徴

スノーケルなので重い器材も必要なし

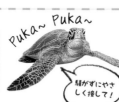

Puka~ Puka~

騒がずにやさしく接して！

ウミガメボートスノーケルツアー

付録MAP P6B1

Sea Turtle Boat Snorkel Tour

エリア グアム西部

スノーケルでウミガメと一緒に泳ぐ

ポイントまでボートで移動してライフジャケットを着用するので、8歳から気軽に参加できる。ツアーのウミガメ遭遇率は90％以上。ウミガメに会えたら一緒に遊泳できることも。

DATA 🚗 タモン中心部から車で30分（ツアーは送迎バス付き）🏠12 Marina Rd.Aqua World Marina,Cabras,Piti 📞(671)688-1163（ワンダラーズ）🕐7時〜、10時15分〜、12時45分〜 休日曜 💰$115（8歳以上）、ボート乗船のみ$77 🔗wanderers-guam.com 🈯要予約

ウミガメに会いたい

海中を優雅に泳ぐウミガメと一緒に泳ぐのは憧れ。経験豊富なガイドがウミガメに会えるポイントへ案内してくれる。シャイなウミガメは、近づきすぎず穏やかに寄り添うのが一緒に泳ぐ秘訣。

透明な海の中で泳ぐウミガメの姿はおとぎの世界のよう

`\` グアムの自然や文化に触れる `/`

ランド・アクティビティを満喫

マリン・アクティビティの次はランド・アクティビティにチャレンジ。自然がたっぷり残るグアムならではの
楽しみが多彩に揃っている。開放感あふれる南の島で、体を動かすのは気分爽快！

トレッキングで天国の丘へ！

こんな景色が
見えるよ

付録
MAP
P7B4
天国の丘（ヘブンリーヒル）
Heavenly Hill
エリア グアム南部

トレッキングで
ココス島を望む絶景の丘へ

グアム島最南端のメリッソ村からトレッキング
で天国の丘（ヘブンリーヒル）へ。頂上からは、
美しいココスラグーンを眺めることができる。ツ
アーではグアム島南部のみどころをめぐった
後、天国の丘へ。眼下に広がるコバルトブル
ーの海と雄大な山々の景色を満喫できる。

DATA ☎(671)687-7730（フロンティアツアー）
料$85（8～11歳$65）（送迎、水・ソフトドリンク・スナッ
ク・フルーツ付き）
時ホテル迎え8時頃～（所要約6時間）
※所要時間は当日の参加者などにより異なる 休なし
※メール（frontiertoursguam@gmail.com）、電話など
で要予約（前日は電話予約のみ）

心地良い風が吹く「天国の丘」。
遠くにはココス島も見える

天国の丘の頂上までは初級コース、頂上を越えて丘の先
端に向かうと中級コースのトレッキング

グアムのカルチャーに触れる！

付録
MAP
P6C1
南の島のコスチューム
＆ココナッツ体験
Island Costume & Coconut Experience
エリア グアム西部

南の島の民族衣装を着て
チャモロ文化を体感

フィッシュアイマリンパークで体験できるユニー
クなアクティビティ。南の島の民俗衣装を着
て、ココナッツを削ったりヤシの葉細工を作った
りと、グアムならではの体験ができる。ココナッ
ツのジュースと果肉のテイスティングや、ココナ
ッツミルクの抽出体験も楽しい。

DATA 交タモン中心部から車で20分 住フィッシュアイ
マリンパーク（→P35）内 ☎(671)475-7777 時9
時20分または11時20分スタート（ホテル迎え8時30分
～または10時30分～）、所要約3～4時間 料$48（6
～11歳$24）、送迎付き$58（6～11歳$29） 休なし
URLja.fisheyeguamtours.com/

太平洋の島々からセレクトしたコ
スチュームで南国気分もアップ

実際にココナッツに触れて試食で
きるのはグアムならではの体験

古代グアムの文化を体験！

付録 MAP P7D3

バレー・オブ・ザ・ラッテ・アドベンチャー・パーク
Valley of the Latte Adventure Park

`エリア` **グアム南部**

グアム南部のジャングルで多彩な体験ができる

リバークルーズが楽しめるタロフォフォ川の畔にあり、ミニ動物園や、フィッシングができる施設。タートルツアーズのアドベンチャー・リバー・クルーズなどで訪れることができ、追加でカヤックやパドルボード（SUP）なども体験可能だ。

`DATA` アドベンチャー・リバー・クルーズ→ P41、カヤック・アドベンチャー→ P41

タロフォフォ川が流れる広大なジャングルにある

集落跡に並ぶラッテ・ストーンを間近に見学できる

チャモロ族に伝わるヤシの葉編みや火おこしの体験もできる

楽しいトークで盛り上げるよ！

グアムでマラソンにチャレンジ！

マラソンは早朝6時頃やサンセットタイムに開催されることが多い

完走すると景品がもらえるイベントもあります

中継地点ではフルーツやドリンクなどを配っている

5Kマラソン
5K marathon

`エリア` **グアム各所**

週末開催のマラソンでいい汗をかこう

週末にはグアム各地でミニマラソンイベントが開催されることが多い。ツーリストでも参加できるので、スケジュールをチェックしてみて。

申込みの流れ

当日申込みと事前申込みがあるが、事前のほうが安くておすすめ。ホーネット・スポーツで申込み代行してくれるレースも。ショップにある申込み用紙に名前や年齢、宿泊ホテルなどを記入して、参加費を支払う。受付はレース前日まで。

ホーネット・スポーツ Hornet Sports

`エリア` **タムニング**

付録MAP/P8B3

`DATA` 交タモン中心部から車で10分 住545 Chalan San Antonio Rd. ☎(671)646-9191 営10～19時（日曜は～18時）休月曜

2K、5Kって何？

2km、5kmを走るマラソンの呼び名。イベントは地元企業や学校などが主催しており、完走すると景品がもらえることも。中継地点でドリンクやフルーツなどが用意されていることも多い。

開放感を味わいたい！

南国リゾートらしく、ヤシの木や海が見えるコースもある

ゴルフ
Golf

自然の地形を生かしたコースでプレイ

島の各地に点在するゴルフ場では、大自然の地形を利用したコースを設計。海越えの名物ホールを有するコースもあり、開放的な気分でゴルフを楽しめる。初心者も安心して挑戦できる。

注意事項

道具のレンタル	マナーとルール	天候に注意
クラブ、シューズなどはレンタル可能。グローブやボール、ウエアなどは持参するか購入する。	襟付きシャツを着用。Tシャツ、Gパンは不可。乗用カートも右側通行。ほかにもローカルルールがあるのでチェックしておくこと。	最も危険なのは雷。雷雲を見つけたら、屋根のある場所に避難する。スコールも早めに対処を。日差し対策も怠らないように。

ココでプレイ！

付録 MAP P5B4
マンギラオ・ゴルフクラブ
Mangilao Golf Club
エリア グアム東部

DATA 🚗タモン中心部から車で20分 🏠Mangilao ☎(671)734-1111 休なし 料グリーンフィー送迎なし$180〜、送迎付き$210〜、レンタルクラブ$40、シューズ$10 🌐www.onwardgolfguam.com

付録 MAP P7C3
タロフォフォ・ゴルフクラブ
Talofofo Golf Club
エリア グアム南部

DATA 🚗タモン中心部から車で35分 🏠825 Route 4A,Talofofo ☎(671)789-5555 休なし 料グリーンフィー送迎なし$140〜、送迎付き$170〜、レンタルクラブ$40、シューズ$10 🌐www.onwardgolfguam.com

付録 MAP P6C2
レオパレスリゾートカントリークラブ
Leopalace Resort Country Club
エリア グアム中部

DATA 🚗タモン中心部から車で30分 🏠Yona ☎(671)471-0024 休なし 料グリーンフィー$150〜、レオパレスリゾート宿泊者は$110〜、レンタルクラブ$40、シューズ$10 🌐www.leopalaceresort.com/golf/ 〈問合先〉ゴルフ予約 ☎(671)300-1219、または予約フォーム 🌐ssl.form-mailer.jp/fms/7ee2d2f3682858

スピード感満載のアクティビティ

付録 MAP P5C3
グアム・アドベンチャーズ
Guam Adventures
エリア グアム北部

オフロードは汚れてもよい服装で参加しよう

本格的なコースでレーサー体験ができるゴーカートは10歳から利用可能

車好きにはたまらない！！

グアム・インターナショナル・レースウェイに併設されたゴーカート場で、本格的なゴーカート走行が楽しめる。広い周回コースを走ればレーサー気分に。バギーで起伏のあるオフロードコースやジャングルを走るオフロードアドベンチャーも人気だ。

DATA 🚗タモン中心部から車で30分 🏠Rte., 15Yigo ☎(671)989-0900 🕐9〜17時 休日曜（繁忙期は除く）
●ゴーカート 料G15（2レースまたは16分の周回コース）13歳以上$55、4〜12歳$40 ※運転は10歳以上
●オフロード 料1人乗り$85（18歳以上）、2人乗り各$75（運転は18歳以上、同乗者は13歳以上）
営8時30分、10時30分、14時、15時30分の1日4回 🌐www.guamadventures.com/jp ※要予約

\\ 大空へ飛び出そう！ //

スカイ・アクティビティに挑戦！

海と陸を楽しんだら、次は空。上から、下から、グアムの空をとことん楽しみたい。空の遊びは難しいと思いがちだが、気軽に参加できるものもある。ひと味違う楽しさを発見してみて。

スリルを味わうなら！

大空を鳥のように舞う

付録 MAP P5A3 **スカイダイビング**
Skydiving
エリア グアム中部

グアム上空から華麗にダイビング

セスナに乗って高度2400〜4000mまで上昇し、そこからダイブする。天空から真っ逆さまに落ちていくスリルは、ほかでは味わえない体験だ。インストラクターと一緒に飛ぶので安心。

DATA 交タモン中心部から車で20分（送迎あり）
住Barrigada 電(671)475-5555（スカイダイブ・グアム）
時6〜18時、所要約3時間（送迎含む）休不定休
料$299〜（18〜65歳、体重100kg以下）
URLwww.skydiveguam.com/ 要予約

注意事項
年齢、体重制限のほかに、24時間以内にスキューバダイビングをしていない、などの参加条件がある。パスポートなどの写真入り身分証明書を持参すること。

スカイダイビングの流れ

1.レセプションでブリーフィング
体験内容と注意事項を確認。体調が悪くないかもチェック

2.ウエアに着替え、ハーネスを装着
専属のインストラクターにハーネスを装着してもらう

3.セスナで上昇、一気にダイブ！
ダイビングポイントから約1分間のフリーフォールを体感

4.パラシュートが開き、無事着陸
パラシュートが開いたらのんびり空中遊泳したあと、着陸

パイロットに挑戦したい！

大空から眺めるグアムの美しい景色は感動的

付録 MAP P5A3 **セスナ体験操縦**
Cessna Flight Trial
エリア グアム中部

操縦かんを握って夢のパイロット体験

飛行機を離陸から着陸まで自分の手で操縦できる。免許は不要。セスナの操縦方法や機体についての説明を受けたら体験操縦にトライ！コースは5つあり、グアム島を一周できるロングコースや、キッズコースもある。

DATA 交タモン中心部から車で20分（送迎あり）住c/o ACI Pacific17-3404 Neptune Ave. Barrigada 電(671)473-4100（トレンドベクター・エビエーションインターナショナル）時昼間のフライト6〜18時、標準コース所要約120分（送迎含む）料標準コース$250（同乗者$100）URLwww.trendvector.com/index.htm 要予約

日本では経験できないダイナミックな体験

いよいよ離陸！教官のアドバイスで操縦かんを操作

注意事項
・8時間以内に飲酒している場合は体験操縦不可
・12時間以内にスキューバダイビングをした場合は搭乗不可
・子どもは必ず保護者同伴
・パスポート、日本の運転免許証等の身分証明書が必要

＼ガイドと一緒に自然をめぐる／

ネイチャーツアーで島を探検

総面積の70%以上がジャングルというグアム。手つかずの自然が残り、古代チャモロの遺跡など
文明の歴史に出会えることも。ネイチャーツアーに参加して、島の魅力を再発見。

歩いて探検！🚶

付録
MAP
P5C3

パガット・ケーブ・ツアー
Pagat Cave Tour

[エリア] グアム北部

グアム北東にある洞窟、パガットケーブには真水が湧き
出る天然のプールがあり、神秘的な雰囲気が話題だ。
澄んだ地下水のプールで泳いだり、断崖絶壁から太平
洋の絶景を眺めながらのランチは格別。南国の植物や
ジャングルでのサバイバルの話も楽しい。

[DATA] 住P.O BOX 4050, Hagatna ☎(671)777-3927(アイラン
ドジャーニーグアム) 営ホテル迎え7時30分〜 休なし 料$85(送
迎、水・昼食・スナック、軍手・ゴーグルなどのレンタル付き)
※ツアー予約サイトやメール(journeyguam@gmail.com)、電話などで
要予約(前日は電話予約のみ) [J]

＼参加するときは
こんなスタイルで！／

1 ホテルを出発

2 トレッキング
スタート

3 いよいよ洞窟へ

4 パガット・ケーブで水遊び

5 絶景を眺めつつランチ

6 GOAL
冷たいドリンクで乾杯！

洞窟内は水の中を
歩くので、速乾性の
あるウエアがおすす
め。運動靴は必須。帽子、虫除けスプレ
ー、タオル、カメラや
携帯電話を入れる
防水ケースなどを持
参するとベター

軍手やゴーグルのほか
予約すればリュックなど
も無料で借りられる

＼洞窟トレッキング／

1 ホテルを出発

南国らしい植物があちこ
ちに

3 いよいよ洞窟へ
洞窟内は暗いので足元に
気をつけながらゆっくりと

ゴツゴツとした岩は
すべてサンゴ岩

2 トレッキングスタート
ジャングル特有の植物や動物の話を聞
きながら洞窟へ向かって坂を下っていく

GOAL

6 古代チャモロ人が
使った石臼なども
見ることができる

5 壮大な景色が広がる

4 神秘的な雰囲気の天然のプール

遊覧船で探検！🚢

付録 MAP P7D3

アドベンチャー・リバー・クルーズ
Adventure River Cruise

エリア グアム南部

古代文化体験とリバークルーズ

ガイドさんの案内を聞きながらタロフォフォ川をクルーズ。その後、古代チャモロ文化村「バレー・オブ・ザ・ラッテ・アドベンチャー・パーク」（→P37）で、火の起こし方やヤシの葉編みなどの文化体験も。

DATA 🚌タモン中心部から車で40分（送迎あり） 🏠Talofofo
📞(671)647-1118（ノーテックトラベルサービス）
🕐所要約4時間（出発時間は要問い合わせ） 🏖月曜
💲$125（5〜11歳$110）、アイスティー、ランチ、ホテル送迎付き
🔗nautechtravel.com/index.php/ja/

カヤックのツアーもあり！

さらにアクティブに楽しみたいなら、カヤック・アドベンチャーもおすすめ。タロフォフォ川を2人乗りカヤックを漕いで進む。古代遺跡にも立ち寄る。

DATA 🚌タモン中心部から車で40分（送迎あり） 🏠Talofofo
📞(671)647-1118（ノーテックトラベルサービス）
🕐所要約4時間（出発時間は要問い合わせ） 🏖月曜
💲$125（11歳以下は参加不可）、アイスティー、ランチ、ホテル送迎付き
🔗nautechtravel.com/index.php/ja/

ガイドも同行するので安心。
12歳から参加可能

アクティビティ　ネイチャーツアー

アドベンチャー・リバー・クルーズ

1 ジャングルへクルージング

ホテルからバスでタロフォフォへ。下流から遊覧船に乗っていく

2 船内から動植物を観察

ガイドの案内でジャングルの植物や動物の様子を見学。イグアナを発見！

3 古代チャモロ村跡に到着

バレー・オブ・ザ・ラッテ・アドベンチャー・パーク（→P37）ではラッテ・ストーンと呼ばれる石柱が並ぶ集落跡を見学

5 ヤシの葉編み

ヤシの葉で帽子などを作る。完成したら持ち帰りできる

4 火起こし体験

古代人の気分で火起こしに挑戦。何分でつくか試してみて

各ホテルまで送迎

`、'／ グアムで絶対見たい！ ＼'／`

ロマンティックなサンセット

グアムに来たら水平線に消えゆくオレンジ色の太陽を一枚はカメラに収めたい。
グアムに詳しいカメラマンにおすすめ撮影スポットと美しい夕景を撮影するコツを教えてもらいました。

Ⓐ ガン・ビーチ
Gun Beach
エリア タモン　付録MAP/P11D1

ここから撮影！
「ザ・ビーチ レストラン＆バー」の店内（屋根がある）の真ん中からウッドデッキ越しに撮影

海に沈む夕日だけでなく、木のシルエット、太陽の光彩、など南国らしい印象的な写真にトライして！

教えてくれた人

鶴賀奈穂乃さん

自然な光と色彩を生かし"happiness"をテーマに撮影。ポートレート撮影も好評で、国内外のコンテストで入賞。2015年以降は、湘南、東京でも撮影。

タモン・ビーチの最北端にあるため美しいサンセットが見られる。出かける際には必ずカメラを忘れずに！

DATA 🚌タモンシャトルでザ・ビーチ下車すぐ（16時以降に停車）🚪ビーチへのゲートは「ザ・ビーチ レストラン＆バー」（→P96）の営業時間に合わせてオープン

撮影 Advice 📷
「ザ・ビーチ レストラン＆バー」（→P96）の一部を入れて、ほかのビーチとは違った印象に

Ⓑ 恋人岬
Two Lovers Point
エリア グアム北部　付録MAP/P9D1

チャモロ伝説が語り継がれる恋人たちの聖地。美しい弓なりのタモン湾を一望する展望台から眺めるサンセットは格別。

DATA 🚌タモン中心部から車で10分、または恋人岬シャトルで恋人岬下車すぐ 📞(671)647-4107（ギフトショップ）🕐展望台10～19時、公園8～19時（2023年11月現在、台風の影響により展望台、公園とも9～18時）🈳なし 💴展望台$3

撮影 Advice 📷
展望台を入れ込んで撮影できれば恋人岬ならではの写真に

愛の鍵も忘れずにパチリ♪

ここから撮影！
海沿いのフェンスの一番左端で、左後ろは崖のようになっている

※2023年12月現在、恋人岬シャトルは休止中

そのほかのおすすめスポット

C イパオ・ビーチ
Ypao Beach
エリア タモン　付録MAP/P8B3

タモン・ビーチの西端にありローカルっ
ぽさが漂うビーチ。目の前の地平線に
沈む太陽を見ることができるだけでな
く、夕方の散歩コースにもおすすめ。

DATA タモンシャトルでイパオパーク／GVB
前下車、徒歩3分　時休料見学自由

撮影
Advice 📷

夏に海に沈む夕
日を撮るならここ
がおすすめ。恋人
岬やホテルと一
緒に撮るとグアム
らしい一枚に

グアムの日の入り
時間をCHECK!

1月	18時12分頃
2月	18時26分頃
3月	18時31分頃
4月	18時34分頃
5月	18時40分頃
6月	18時49分頃
7月	18時52分頃
8月	18時42分頃
9月	18時22分頃
10月	18時02分頃
11月	17時51分頃
12月	17時56分頃

D アサン・ビーチ
Asan Beach
エリア グアム西部　付録MAP/P6C1

太平洋戦争国立歴史公園内に
あり、ヤシが並ぶ景色が人気のシ
ャッターポイント。木々の間から太
陽を見るのもステキ。

DATA →P65

撮影
Advice 📷

ヤシのシルエットや木々の間に見えるオレンジ色
の光など、ユニークな写真に挑戦！

E アガット・マリーナ
Agat Marina
エリア グアム西部　付録MAP/P7B3

ダイビングやマリン・アクティビティ
のボートが停泊するマリーナ。夕
刻は人も少なく、日が落ちる瞬間
を静かに見守ることができる。

DATA タモンから車で約40分
時休料見学自由

フィリピン海

ハガニア・ビーチ
はここから撮影！

タモン湾

B 恋人岬

A ガン・ビーチ

C イパオ・ビーチ

ジーゴ

グアム国際空港

アガニア湾

アサン・ビーチ
D

ピティ

ハガニア・
ビーチ

F

トト

バリガダ

マンギラオ

サンタ・リタ

シナハニャ

太平洋
Pacific Ocean

F ハガニア・ビーチ
Hagatna Beach
エリア タムニング　付録MAP/P8A4

昼間はマリン・アクティビティで賑
わうビーチも、サンセットタイムには
人も少なく、ローカルたちのロマン
ティックなデートスポットに変身。

DATA タモンから車で約15分
時休料見学自由

E アガット・マリーナ

ラムラム山
406m

タロフォフォ川

タロフォフォの滝

ウマタック

メリッソ

ココス島

撮影
Advice 📷

停泊するボートや古びた木の
桟橋などを写し込んで、ほかと
は違ったサンセット写真に

撮影
Advice 📷

海に沈む太陽を撮
るなら冬。季節に
よって異なるサン
セットを楽しんで

※季節により夕日の見える位置は異なります。また、日の入りの時間は2024年1～12月の各月15日頃の予定

マジック？それともアイランドダンス？

おすすめエンタメショー

旅の間に一度は参加したいエンタメショー。マジックやイリュージョンで不思議な世界を体験する？
それともトロピカルショーで南国気分を満喫する？　どちらを選ぶかはあなた次第。

🎩イリュージョン&マジックショー

旅行者があることをきっかけに不思議な旅を始めるところからショーはスタート

エキゾチックなファイヤーダンスも見どころ

最新作の「カレラ」は、太平洋の島への旅をイメージしたオリジナルストーリー

付録
MAP
P11C3

サンドキャッスル・グアム
SandCastle Guam

エリア タモン

シアターは臨場感あふれるサラウンドシステム、広いスクリーンなど世界最高レベルの設備を備える

言語を超えて楽しめる
圧倒的なパフォーマンス

30年以上の歴史を持つサンドキャッスル・グアムが、1200万ドルをかけてシアターをリニューアル。2023年、グアムの文化をテーマに最新のテクノロジーとダンス、アクロバットや映像などを融合させたオリジナルショー「KARERA(カレラ)」がスタートした。「カレラ」は、旅行者が不思議な世界へ迷い込み、グアムの文化や自然、歴史を体感するストーリー。音楽とパフォーマンスで展開するので、英語が苦手な人や小さな子どもでも楽しめる。

世界的なエンターテインメント集団や、総勢40名以上のクリエーターが手がけるショーを、50名以上のパフォーマーが演じている

DATA 🚌タモンシャトルでサンドキャッスル／ハイアットリージェンシー前下車すぐ 🏠1199 Pale San Vitores Rd.
📞(671)646-8000
🕐チェックイン19時30分、ショーは20～21時10分頃（約70分）
🚫水・日曜 💰ショーのみ$99～（2～11歳$60～）
🌐bestguamtours.jp/shows/karera-guam/　要予約

併設のレストランもオープン！

併設の地中海料理レストラン「アネモス」のディナーとショーのセットプランもある

スーパー・アメリカン・サーカス

付録 MAP P10A3

Super American Circus

エリア タモン

手に汗握るパフォーマンス！最新のサーカスショー

「パシフィック・アイランド・クラブ・グアム（PIC）」で2022年にスタートした新感覚のサーカス。従来のサーカスに現代的なテクノロジーのアレンジを加えた新しい演出で、オープニングからフィナーレまでテンポよく、多彩な演目で観客を魅了する。

DATA 🚌タモンシャトルでパシフィックアイランドクラブ前下車すぐ 🏠パシフィック・アイランド・クラブ・グアム（→P123）内 📞(671)647-2000 🕐19時30分開演 🚫水曜 💰$66〜、12歳以下は$33〜（席種による） 🌐www.superamericancircus.com/guam 要予約

圧巻のアクロバットに感動！

スリリングな空中大車輪。子どもから大人まで大興奮間違いなし

空中で繰り広げられるアクロバットなど、約90分のショー

空中オートバイなどトラディショナルからモダンなアトラクションまで豊富な演目

息つく暇がないテンポのいいステージ

世界で活躍するマジシャンのショー

ビバ・マジック

付録 MAP P11D2

BIBA MAGIC

エリア タモン

人気マジシャンが登場！

ウェスティン リゾート グアム内で行われる、イリュージョニストのナビルさんによるマジックショー。テーブルマジックショーからイリュージョンまでテンポよく展開され、目の前でマジックを見られる。観客参加型のパフォーマンスも。

DATA 🚌タモンシャトルでウェスティン前（リーフホテル）下車すぐ 🏠Ｈウェスティン リゾート グアム（→P121）内 📞(671)864-5688 🕐金曜19時30分〜、土曜17時〜 🚫日〜木曜 💰$70〜 🌐bibamagic.com/ 要予約 ※2023年10月現在の情報です。最新情報は公式サイトで確認を

少人数制なので近くでマジックを観賞できる

観客も参加！

ナビルさんのマジックショー

アイランド・ディナー・ショー

華やかなダンスや
パフォーマンスに
感動！

カラフルな衣装で踊るアイランドダンスなど、巨
大なステージで華麗なパフォーマンスが展開する

付録
MAP
P11D1

タオタオ・タシ
TaoTao Tasi

エリア タモン

タモン湾に沈む夕日をバックに
多彩パフォーマンスを鑑賞

海に面した開放的なステージで繰り広げら
れる多彩なショーが楽しめる。ショーの中
盤では、客席からの飛び入り参加もあり盛
り上がりが最高潮に。目の前でシェフが焼
き上げるBBQやチャモロ料理のディナービ
ュッフェも好評。

DATA ☒タモンシャトルでザ・ビーチ下車すぐ（16時
以降に停車）　EGun Beach Rd.
☎(671)646-8000
🕙18〜20時頃（季節によりスケジュールが異なる）
🚫水・日曜
💰BBQディナーショー$120（6〜11歳$45）ほかプ
ランあり　🌐bestguamtours.jp/shows/taotao-
tasi/　要予約

🌴 主なメニュー 🌴

ビーフステーキ、エビのグリル、BBQポーク
リブ、テリヤキチキン、ビーフシチュー、鮮
魚のエスカベッチ（チャモロ料理）、ビーフ
ティナクタック（チャモロ料理）、季節の温
野菜、パスタ料理、サラダ、レッドライス、
デザートなど

ビーチフロントの絶好のロ
ケーションで、海を背景とし
たロマンティックなステージ

迫力満点のファイ
ヤーダンスが目の前
で繰り広げられる

ローカルスタイルのBBQ。グ
アムならではの料理が好評

ライブグリルやグアム伝統料理など種類豊富なビュッフェ

演奏や歌など
パフォーマンスは
全て生ライブ！

熱帯植物と滝やラグーンに囲まれたステージは南国ムード満点

付録
MAP
P6C1
フィッシュアイ・アイランド・カルチャー・ディナーショー
Fish Eye Island Cultural Dinner Show

エリア　グアム西部

南国の夜をゴージャスに！
人気のディナーエンターテイメント

南国のジャングルをイメージした造形の美しいステージで繰り広げられる圧巻のディナーショー。ライブミュージックと鮮やかなライティングで、迫力のあるファイヤーダンスやハカダンス、美しいタヒチアンや伝統あるチャモロダンスなどが展開。客席とパフォーマンスの距離が近いので迫力満点。感動のひと時が楽しめる。

DATA　タモン中心部から車で約20分
フィッシュアイ・マリンパーク（→P35）内　(671)475-7777
ディナー1時間、ショー1時間（開始時間は季節により異なる）
月・水曜　基本コース$104（6〜11歳$52）、
海中展望塔見学付き$114（6〜11歳$57）、
ホテル送迎は＋$10（6〜11歳＋$5）
ja.fisheyeguamtours.com/　要予約

主なメニュー

ケラグエンなどのチャモロ料理や、マグロのポキ、ムール貝のマリネ、シーザーサラダなどの前菜やサラダ、リブアイステーキ、アジア風グリーンカレー、ミニハンバーグ、フライドチキン、夏野菜のオリーブオイル焼き、パエリアなどの温製料理やスープ、デザートなど、多彩なメニューが並ぶ

目の前で繰り広げられる迫力あるステージに圧倒される

南国らしい演出が雰囲気を盛り上げる

圧巻のファイヤーダンスに盛り上がりは最高潮に

チャモロ料理からステーキ、デザートまで、ディナーは豊富なメニューをビュッフェスタイルで楽しめる

グアムの夜はまだまだ続く

話題の夜遊びスポット♪

ビーチで遊んだあとにおいしいものを食べて、それで終わりなんてもったいない。
グアムの夜はディナーのあとこそが本番！ 飲んで、踊って、絶叫して……リゾートナイトを満喫しよう。

プールサイドバー

付録
MAP
P11D2
センチュリー21
プールサイドバー
Century XXI Poolside Bar
エリア タモン

南国の夜を
ゆっくりと楽
しみたい

Bar!

バーのメニューも充実

人気のプールサイドバー

プールサイドのバー＆レストラン。南国らしい雰囲
気のなか、軽食からステーキまで食事が楽しめる。
ロマンティックなサンセットタイムがおすすめ。

DATA 交タモンシャトルでウェスティン前（リーフホテル）下車、
徒歩3分 住Hグアムリーフホテル（→P123）内 ☎(671)
646-6881 営11時〜14時30分、16時〜22時30分 休なし

自家製バンズのハンバーガーが評判

プールサイド席から
はタモン湾のホテル
の明かりが美しい

エキサイティ
ングな夜が過
ごせる

最新の音響設
備を備える

グアムのナイトシーンを支えてき
た「グローブ」がリニューアル

グアム最大級のクラブ

付録
MAP
P11C3
ゾー
ZOH
エリア タモン

極上の音響設備を完備したクラブ

サンドキャッスルに隣接して、グアム最大のクラブスペース
が誕生。落ち着いた雰囲気でドリンクが楽しめるロン
グバーも併設。グアムの夜の最旬スポットとして注目だ。

DATA 交タモンシャトルでサンドキャッスル／ハイアットリージェンシー前下
車徒歩3分 住サンドキャッスルグアム（→P44）内 ☎(671)646-8000
営金・土曜21〜翌2時 休日〜木曜 料入場料$30（飲み物は別途）
URLbestguamtours.jp/bars-clubs/clubzoh/
※入場は18歳以上（要写真付きID）、アルコールは21歳以上のみ

深夜まで営業の遊園地

付録
MAP
P11D3
タガダ グアム アミューズメントパーク
Tagada Guam Amusement Park
エリア タモン

絶叫アトラクションにドキドキ

規模は小さいが夜遅くまで営業している遊園地。
おすすめのアトラクションはタガダディスコ。丸
い円盤が回転しながら上下に揺れて絶叫必至。そ
のほか、バイキングとバンパーカーがある。

DATA 交タモンシャトルでウェスティン向かい／パシフィックプ
レイス下車すぐ
住1425 Pale San Vitores Rd. ☎(671)646-2444
営17〜23時（土・日曜は16時30分〜） 休月曜 料タ
ガダディスコ $10、バイキングシップ $8、バンパーカー $6

夜中まで若者が集まり盛り
上がる

スリル満点！絶叫好
きは要チェック

Theme2

人気エリア
Popular Area

グアムの文化や歴史が色濃く残るハガニアや
スペイン統治時代の史跡が見どころの南部エリア。
レンタカーでドライブに挑戦するのもおすすめ。

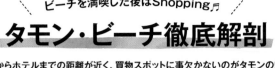

Hi♥

ビーチを満喫した後はShopping♫

タモン・ビーチ徹底解剖

ビーチからホテルまでの距離が近く、買物スポットに事欠かないのがタモンの魅力。
ビーチを満喫した後は、ショッピングをとことん楽しんで。ホテル・ロード沿いのショップなら何でも揃う。

Ⓐ 🏨 ヒルトン グアム・リゾート＆スパ

タモン・ビーチの西端にあり、静かで優雅なホテルステイを実現 DATA →P122

Ⓑ ☆ 付録MAP/P10B3
マタパン・ビーチ・パーク
Matapang Beach Park

アウトリガーが目印

マタパンとは16世紀にタモンを治めた首長の名前。アウトリガー（カヌー）を楽しむローカルで賑わう。

DATA 🚌タモンシャトルでホリデーリゾート前下車、徒歩5分　📞　🕐 ⏰見学自由

公園にあるアウトリガー

Sunset ♥

タモンのサンセット・タイムは？
日の入り時刻は冬期なら18時前後から18時30分、夏期なら18時30分から19時前。日の入りの30分ほど前に出かけ、夕暮れも楽しんで

地図内の表示：
10
⊕ ライフガードステーション・
シャワー・　水道
レスキュー用水上スキー
5分
岩場
13分
ライフガード
N
ℹ️ 9 フロア
Ⓖ
Ⓗ
トンネル
階段
15分
グアム・ズーロジカルボタニカル＆マリーン・ガーデン（休業中）

Ⓖ ☆ 付録MAP/P8B3
イパオ・ビーチ・パーク（ガバナー・ジョセフ・フローレス・メモリアル・パーク）
Ypao Beach Park（Governor Joseph Flores Memorial Park）

ローカルも集う公園

グアム最大のビーチ・パーク。イベントも多数開催。サンセットスポットとしても人気。

DATA 🚌タモンシャトルでイパオパーク／GVB前下車、徒歩3分　📞　🕐 ⏰見学自由

公園はローカル憩いのスポット

Sunset ♥

8
14
ABCストア・
ロイヤル・オーキッド・グアム Ⓗ P125
15
サン・ビトレス・ロード（ホテル・ロード）
7
Ⓑ 🚻トイレ
Ⓘ
Ⓙ
16

Ⓗ 🏨 パシフィック・アイランド・クラブ・グアム
グアム最大のウォーターパークで一日遊べる人気ホテル
DATA → P123

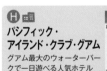

Ⓙ 🏨 ホリデイ リゾート＆スパ グアム
ビーチまで徒歩1分。ショッピングにも便利なホテル
DATA → P124

Ⓘ 🏨 クラウンプラザ リゾートグアム
旧フィエスタリゾートが全館大改装を経て、クラウンプラザとしてオープン
DATA → P124

ビーチでの注意 *Point*

1 日差しが強い

日焼け対策は必須。日焼け止め、帽子やサングラス、羽織るものを忘れずに。海や砂浜からの照り返しにも注意。

2 標識をチェック

タモン湾は自然保護地区なので魚や貝を取ることを禁止する標識も多い。波や滑りやすい岩にも注意しよう。

3 急に深くなる場所が

リーフ内にあるタモン湾はどこも比較的浅いが、リーフ外は深いので絶対に出ないように。目印は境目の白い波。

4 ビーチでの飲酒は禁止

グアムでは、公共の場でお酒を飲むことは法律で禁止されている。飲んでいる人がいてもまねしないように！

Ⓒ デュシットプレイス

買う、食べる、遊ぶの3つをマルチに楽しめる人気スポット。カジュアルファッションが充実 DATA → P76

Ⓓ ハイアット リージェンシー グアム

タモン中心部に近く、洗練された一流のサービスはさすが DATA → P120

Ⓔ ガン・ビーチ

Sunset ♥

ローカルが多いビーチ。夕日の名所でもある。ビーチ・バーでカクテルを片手にサンセット・タイムを DATA → P42

Ⓕ グアム リーフホテル

インフィニティプールからの眺めが絶景！ショッピングにも便利 DATA → P123

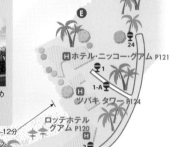

Ⓔ 24

Ⓗ ホテル・ニッコー・グアム P121 1

Ⓗ 1-A ツバキ タワー P124

ロッテホテル グアム P120

12分

セイルズ・バーベキュー P102

タモン・スポーツ・クラブ

イサ・アクア・スポーツ・

ビーチハウスグリル P52

デュシタニ グアム リゾート P120

Ⓓ Ⓜ ABCストア

Ⓕ Ⓚ 3

23 ABCストア

赤いシャトルバスのバス停

🛍 …ショップ

🏨 …ホテル

★ …ビーチ

2

21 Ⓛ グアム・プラザ P125

パシフィック プレイス P53

4 Ⓒ

5

サンド・キャッスル・グアム P144

グリーン・リザード P52

20 Ⓝ

Ⓗ リゾート P125

ベイビュー・ホテル・グアム P125 Ⓗ

タモン・ベイ・センター

6 19

ザ・ティー・ディストリクト P52

デルモニコ P52

チャベル

ラグーン

タモン湾

5分

17分

アカンタ・モール P53

🚓 交番

17

Ⓗ グランド・プラザ P125

ABCストア

18

タモン・サンズ・プラザ

アクエリウムオブ グアム P53

Ⓜ デュシットビーチ リゾートグアム

食べる、買う、遊ぶ、すべてにおいてベストロケーション DATA → P122

Ⓚ ウェスティン リゾート グアム

ヘブンリーベッドをはじめ、極上のホテルライフが待っている DATA → P121

Ⓛ JPスーパーストア

アパレル、雑貨、フードまで幅広いラインナップが魅力。気になるアイテムがいっぱい DATA → P80

Ⓝ Tギャラリア グアム by DFS

一流ブランドからグアム産みやげまで何でも揃う。Tギャラリアにしかないブランドも多数 DATA → P74

タモンで行くべきおすすめSHOP

まだまだ
ある！

グアムーの繁華街タモンには隠れたスポットがいっぱい！ グアムでしか出合えないおいしさ、体験、感動をどうぞ！

Gourmet

朝からめいっぱい遊んだあとのビーチでのランチ、
そしてカフェ＆バータイムまでチェック！

ビーチハウスグリル
Beach House Grill

付録 MAP P11I3

Noon

ビーチに面した開放
的でカジュアルなお店

海を眺めながらランチを！

ビーチアクティビティの合間に、水着のままトロピカルドリンクやボリューム満点のバーガーを食べられる。リゾート感いっぱいのオン・ザ・ビーチスポット。

DATA タモンシャトルでデュシットビーチ／デュシットプレイス前下車、徒歩3分　デュシットビーチリゾートグアム（→P122）内　(671)649-9000　11〜21時(金・土曜〜22時)　なし

クラシックバーガー$20。
1/2ポンドのビーフパテは
食べ応え満点。ポテトかオ
ニオンリングが付く

ハンバーグの代わ
りにショートリブ
がのったショー
トリブロコ$26

シトラスバ
ターソース
で食べるア
トランティッ
クサーモン
$32

ニューヨークステーキ340g
$45。ステーキは2つのソー
スが選べる

デルモニコ
Delmonico

付録 MAP P11D3

Night

カジュアルなステーキレストラン

2023年11月にリニューアルオープンしたベイビュー・ホテル・グアム内のレストラン。上質なビーフのステーキのほか、バーガーやパスタなども味わえる。

DATA タモンシャトルでウェスティン向かい／パシフィックプレイス下車、徒歩5分　ベイビュー・ホテル・グアム（→P125）1階　(671)647-4411　17〜21時　なし

グリーン・リザード
Green Lizard

付録 MAP P11C3

Night

メロン・ビーチ
ボール$7

2階からはタモンの
夜景も楽しめる

ローカルに人気のナイトスポット

タモンの中心部にありロケーションは抜群。トロピカルドリンク、アメリカンなアペタイザーやハンバーガー、そしてノリのいいスタッフと音楽があればグアムの夜は盛り上がる！

DATA タモンシャトルでハイアットリージェンシー向かい下車すぐ　1206 Pale San Vitores Rd.　(671)922-5499　19時30分〜2時　なし

アイランドホッパー
$13

Break time

ホテル1階
だが入口は
道路に面し
ている

ミルクティー・
タピオカ入り
$5.59

冷たいドリンクで
ほてった体を
癒してね！

タイティーに塩味の
強い濃厚クリームが
のったバンコクパー
ル$7

オレオ入りの
パープル・オ
レオ$6.75

ザ・ティー・ディストリクト
The Tea District

別冊 MAP P11D3

フレーバーもトッピングも種類豊富なティーショップ。オリジナルティーを作ることができ、ローカルにも人気。

DATA タモンシャトルでウェスティン向かい／パシフィックプレイス下車、徒歩3分　ベイビュー・ホテル・グアム（→P125）1階　(671)647-8323　11〜21時　なし

Shopping

タモンの立ち寄りショッピングモールはいくつかあるけど、この2軒もおすすめ。新しいショップもオープンし、ますます目が離せない!

付録 MAP P11D3　パシフィック・プレイス
Pacific Place

グルメもショッピングもここなら安心

1階は水着やビーチサンダルなど、すぐに使えるショップやコンビニが入店。2階にはカプリチョーザやアウトバックなど人気のレストランが入り、行列ができることも。

DATA ◆タモンシャトルでウェスティン向かい／パシフィックプレイス下車すぐ 🏠1141 Pale San Vitores Rd. ☎(671)969-3500 🕐店舗によって異なる 休なし

ブルーのひさしが目印。2階にはレストランが3店舗ある

＼こんなお店が入っています!／
ロコ・ブティック
Loco Boutique

ハワイ発の人気水着ブランドのショップ。ワンピースやバッグ、サンダルなど、水着以外のラインナップも豊富なので、海遊び前に要チェック。

DATA ◆パシフィック・プレイス1階 ☎(671)647-6600 🕐10〜14時、16〜20時 休なし

ビーチですぐに遊びたいビーチボール $6

ナチュラルテイストがおしゃれなビキニはトップス$67／ボトム$58

付録 MAP P10B3　アカンタ・モール
Acanta Mall

必見ショップが勢揃い

日本人経営のセレクトショップやレストランなどココにしかないユニークな店舗が並ぶ。テーブルが置かれた吹き抜けの通路は休憩場所にもなっている。

DATA ◆タモンシャトルでアカンタモール／グランドプラザホテル下車すぐ 🏠962 Pale San Vitores Rd. ☎(671)477-5700 🕐店舗によって異なる

赤い建物とドーム型の屋根が特徴的。噴水があり、おしゃれな空間

＼おしゃれなワンピやTシャツが豊富／
バンビーノ
Bambino

LAの最新ブランドなど、オーナーがセレクトしたおしゃれなアイテムがズラリ。アパレルのほか、雑貨やスキンケアアイテムなども揃い、おみやげ探しにも◎。

DATA →P70

ローカルブランドのサングラス$25

カラフルなリゾートワンピが1枚欲しいアイテム

Entertainment

街の真ん中でグアムの豊かな自然を感じられる癒やしのスポットはこちら。

付録 MAP P10B3　グアム・ズーロジカル・ボタニカル&マリーン・ガーデン
Guam Zoological Botanical & Marine Garden

グアムの固有種が待っている!

絶滅危惧種、グアム周辺地域の固有種など40種類以上の珍しい動物や海洋生物がいっぱい。規模は大きくないものの、植物園やチャモロ遺跡の展示もあり見ごたえ充分。

DATA ◆タモンシャトルでホリデーリゾート前下車、徒歩5分 🏠180A Frank H. Cushing Way. ☎(671)646-1477 🕐10〜15時 休なし 💴$15(2〜11歳$8.50)

※2023年11月現在休業中

ココバードも待ってるヨ!

カラバオ、ヤシガニ、フルーツバットなどグアムならではの生物も

付録 MAP P11D3 P15　アクエリアム オブ グアム
Aquarium of Guam

水に濡れずに海洋生物を観察できる

デュシットプレイス内にある水族館。全長100mの長い水中トンネルがあり、頭上を悠々と泳ぐウミガメや巨大なハタの姿が見られる。サメの餌付けショーや水中に入るシートレックなどのアトラクションも人気。

DATA ◆タモンシャトルでデュシットビーチ／デュシットプレイス前下車、徒歩1分 🏠デュシットプレイス(→P76)内 ☎(671)649-9191 🕐10〜18時(入館は〜17時30分) 休なし 💴入館料$23(3〜11歳$15)

雨の日に楽しめるスポットとしてもおすすめ

地元の人に愛される

タムニングをおさんぽ

タモンの隣、タムニングには大きなショッピングセンターがありながら、
ローカルの日常を垣間見ることができる小さなショップも充実。マリン・コア・ドライブに沿って散策しよう。

Gourmet

ファストフードやステーキハウスなど、
ローカルおすすめのダイニングスポットをチェック！

ボーン・イン・リブ
アイは迫力の22
オンス（約624g）
で$60

マルガリータ、ピン
ク・キャデラック$12

付録 MAP P8A4 ローンスター・ステーキハウス
Lone Star Steakhouse

迫力のアメリカンステーキに驚き！！

テキサス発祥のステーキハウス。牧畜が盛んな
テキサスならではの上質な肉を熱した鉄板で焼
くのがテキサス流。ジューシーな味わいと、迫
力のアメリカンサイズは一度は試す価値あり。

テキサスのサボテン
をイメージしたフライ
ドオニオン、タンブル
ウィード$12

大きな星のマークが目印！

DATA 🚌タモンシャトルなどでグアムプレミアアウトレット下車、
徒歩10分　📍665 S.Marine Corps Dr.
📞(671)646-6061　🕐11〜22時　🚫なし

ランチタイムには地元
ビジネスマンも御用達

かつ丼$8.50、ポキ丼
$8、ロール寿司各$
4.50とリーズナブルな
のも魅力

旅行中の野菜不足に
もおすすめ。ヘルシーな
豆腐ポキサラダ$8

付録 MAP P8A4 おにぎりセブン ジャパニーズファストフード
Onigiri Seven Japanese Fast Food

丼ぶり物も揃うカジュアル和食店

タモンで人気のおにぎり店がタムニングに新
店舗をオープン。メニューは、かつ丼やポキ
丼などの丼ぶりものやロール寿司が多く、イー
トインもできるとあってローカルに人気。お
さんぽ途中に立ち寄ってみて。

DATA 🚗タモン中心部から車で10分　📍Marine Dr.&
Camp Watkins Rd.　📞(671)647-7755
🕐8〜15時(土・日曜は〜21時)　🚫なし

付録 MAP P8B4 ウィンチェルズ
Winchell's

食事メニューも充実のドーナツ店

島内に6店舗を構える老舗ドーナツショッ
プ。手頃な値段で人気のドーナツはもちろん、
クロワッサンやパニーニを使ったサンドイッ
チやプレートメニュー、スープやフラッペな
どメニューが豊富！

DATA 🚗タモン中心部から車で8分　📍393 South
Marine Corps Dr.　📞(671)649-7175　🕐5〜17時
🚫なし

ふわっとやわらかなドーナツ
は$1〜

プライムリブデリサンドイッ
チ$7.99(右)、ハムパニ
ーニ$8.89(手前)

甘酸っぱいレッドベル
ベッドフラッペ$6.29

付録 MAP P8B4

パパ・ジョーンズ
Papa John's

ピザのデリバリーはいかが？

日本未上陸のアメリカンピザ

新鮮な食材とモチモチした食感のピザ生地が特徴のピザショップ。生地、トッピング、ソースを選びオリジナルピザを作ることもできる。タモン&タムニングのホテルには、電話予約でデリバリーしてもらえる。

DATA 交 タモン中心部から車で10分 住 267 Marine Corps Dr. UIUビルディング1階 ☎(671)648-7752 時 11～21時（水～土曜は～22時） 休 なし

※タモン、タムニングへのデリバリーは最低注文$20、配達費別途$5

BETTER
BETTER
PIZZA

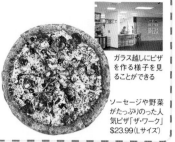

ガラス越しにピザを作る様子を見ることができる

ソーセージや野菜がたっぷりのった人気ピザ「ザ・ワーク」$23.99（Lサイズ）

付録 MAP P8A3

アップルビーズ
Applebees

大人気のカジュアルダイニング

「近所のフレンドリーなレストラン」がコンセプトで、グリル料理やパスタなど、家族で毎日通っても飽きない幅広いメニューがウリ。店舗外の赤いリンゴのオブジェが目印に。

DATA 交 タモンシャトルなどでグアムプレミアアウトレット下車、徒歩5分
住 341 Chalan San Antonio, Tamuning
☎(671)648-2337
時 11～21時（金・土曜は～22時） 休 なし

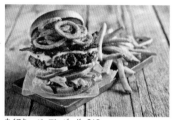

ウイスキー・ベーコン・バーガー$18
ビーフパテ、ペッパージャックチーズ、揚げたタマネギ、ベーコンをサンド。ソースにはファイヤーボールウイスキーを使用している

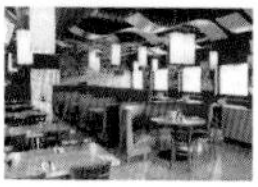

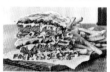

アンガスビーフのパテと酸味のあるピリ辛メキシカン・ソースが美味。ケサディラ・バーガー$16.99

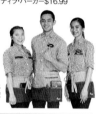

ランチタイムにはメインディッシュに+$6でサラダバーを追加できますよ

カジュアルな雰囲気の店内

N
0
200m
ホーネット・スポーツ P37
セント・アンソニー教会
30A
ファレンフォルト・アベニュー Fahrenholt Ave.
ペイレス・スーパーマーケット（オカ店）
11
リーガロイヤル・ラグーナ・グアム・リゾート P121
スキューバ カンパニー マリンスポーツ P28
ホスピタルロード Hospital Rd.
星野リゾート リゾナーレグアム P123
アガニア湾 Agana Bay
12
カリフォルニア・マート P87
14
東京マート P87
アップルビーズ
ウェンディーズ
14B
シャーリーズ・コーヒーショップ P91,106
アルバット島
パパ・ジョーンズ
76
ルビー・チューズデイ P94
ドミノ・ピザ
デニーズ
リーガル・シネマ
バブリー・ティー・カフェ P115
ウィンチェルズ
シェル
キャンプ・ワトキンス・ロード Camp Watkins Rd.
13
キングス P106
マリン・コア・ドライブ Marine Corps Dr.
タムニン公営コート
グアム・オーシャン・パーク P23,28
ローン・スター・ステーキハウス
ITCビル
在ハガッニャ日本国総領事館
ハガニア・ビーチ P43
30
おにぎりセブン ジャパニーズファストフード
ハファデイ・ファミリー・デンタル
郵便局
イグナイトジュースバー P110
ハガニアへ
A
B
C
1
2

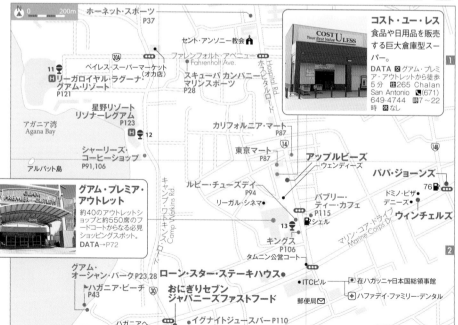

コスト・ユー・レス

食品や日用品を販売する巨大倉庫型スーパー。

DATA 交 グアム・プレミア・アウトレットから徒歩5分 住 265 Chalan San Antonio ☎(671)649-4744 時 7～22時 休 なし

グアム・プレミア・アウトレット

約40のアウトレットショップと約550席のフードコートからなる必見ショッピングスポット。

DATA→P72

歴史と文化が残る

ハガニア散策

グアムの政治・経済の中心となるエリア・ハガニア。グアムの先住民チャモロの文化や歴史が色濃く残る
史跡が多く、お勉強しながら散歩を楽しみたい。ハガニア村長が見逃せないスポットを解説してくれました。

私が解説します！

ハガニア村長
ジョン・クルーズさん

ハガニアで、村長を務めて10年以上。生粋のチャモロ人。

ハガニアへのACCESS

タモン中心部から車で15分。またはショッピングモールシャトルでアガニア・ショッピングセンター下車。2023年11月現在運休中

Start!!

Spot 1

付録MAP P12B3

聖母マリア大聖堂
Dulce Nombre de Maria Cathedral Basilica

カトリック教徒の聖地

スペイン広場の隣に立つ美しい大聖堂。1669年にサン・ビトレス神父の指揮で建てられたグアムで初めてのカトリック教会で、日曜の朝には多くのカトリック教徒がミサに訪れる。

白亜の大聖堂ともよばれる美しい外観

ステンドグラスの美しさも必見

DATA 交アガニア・ショッピングセンターから徒歩10分 住207 Archbishop FC Flores St., ☎(671)472-6201 時大聖堂内部の見学は不可ギフトショップ11〜16時（日曜は8時〜11時30分）休木曜 ※入館の際は献金箱に心付けを

⬇ 徒歩5分

ラッテ・ストーンは「ハリギ」とよばれる柱石と「タサ」という名のお椀型の石で造られています。8基または10基セットで見つかることから住居の土台に使用されていたという説が有力です。

Spot 2

付録MAP P12A3

ラッテ・ストーン公園
Sen. Angel Santos Memorial Park（Latte Stone Park）

古代をしのぶチャモロ遺跡

グアムと北マリアナ諸島に残る石の遺跡で、ここに設置されている8基のラッテ・ストーンは島南部で発見されたものを移設したもの。その大きさや形から当時の人々の技術の高さがうかがえるが、何の用途で使われたのかは未だ不明。

DATA 交アガニア・ショッピングセンターから徒歩10分 時休見学自由

徒歩3分

昔に思いをはせる貴重な遺跡

Spot 4

付録MAP P12A2

サン・アントニオ橋
San Antonio Bridge

グアムに残る3つのメガネ橋の一つ

スペイン統治時代にサンゴ岩で造られた美しいアーチ型の橋。元はハガニア川に架かっており、当時外交の拠点となった南部とハガニアを結んでいた。そばにはグアムの伝説に登場する「シレナ」とよばれる人魚の像がある。

DATA 交アガニア・ショッピングセンターから徒歩15分 時休見学自由

伝説の人魚
シレナ像

現在の橋は戦後に復元されたもの

海が大好きな少女シレナ。母親の用事を怠け泳いでいると、母親は「シレナは魚になればいい」と怒り、祖母は「人間の部分を残してください」と祈ります。そしてシレナは魚と人間の姿になったのです。

⬆ 徒歩5分

Spot 3

付録MAP P12A3

スペイン広場
Plaza de Espana

スペイン文化を感じる市民の憩いの場

16世紀から333年にわたってグアムを統治したスペインの面影が残る広場。敷地内の総督邸跡、チョコレート・ハウス、アルマセンのアーチなどにはスペイン建築様式が用いられ、スペイン文化に彩られた時代を彷彿とさせる。

DATA 交アガニア・ショッピングセンターから徒歩10分 時休見学自由

総督夫人が接待に利用したチョコレート・ハウス

Spot 5

Freedom!

付録
MAP
P12B1
自由の女神像
Statue of Liberty

徒歩
15分

自由と独立を象徴する
グアムの女神

アガニア湾に突き出た人工半島の先端に立つ自由の女神。ただし、サイズはニューヨークの自由の女神の約10分の1。

DATA 🚶アガニア・ショッピングセンターから徒歩15分　🕐見学自由

実はグアムにもある

I am uipuha.

Spot 6

徒歩8分

付録
MAP
P12B2
酋長キプハの像
Statue of Chief Quipuha

17世紀のハガニアの首長

スペイン統治時代の17世紀、政治・経済の中心だったハガニアの首長。大人のチャモロ人として初めてカトリックの洗礼を受けた。

彼の偉業を称え、1979年に建立された

DATA 🚶アガニア・ショッピングセンターから徒歩10分　🕐見学自由　※2023年10月現在台風被害のため撤去中

徒歩3分

Spot 7

付録
MAP
P12A2
チャモロ・
ビレッジ
Chamorro Village

グアムの文化を
丸ごと体験

グアムの伝統工芸品、フード、みやげ物や雑貨の店が並ぶ。水曜の夜に開催されるナイトマーケットは通りいっぱいに出店が登場し、チャモロフードやダンスパフォーマンスを楽しむローカルとツーリストで賑わう。

DATA →P58

昼間に行くならランチタイムがベスト。ローカルに人気のグルメを一緒に楽しもう。

昼と水曜の夜はまったく違う雰囲気

Goal!!

🛍 グルメ＆おみやげ SPOT

付録
MAP
P12B2
スタックス
STAX

チャモロビレッジの向かいにある

ローカル絶賛のグルメバーガー

うま味たっぷりのバーガーが人気。丁寧に焼き上げるビーフパテとオリジナルソース、ふっくらとしたバンズが絶品！

DATA 🚶アガニア・ショッピングセンターから徒歩10分
🏠110 #3 Unit W Soledad Ave.
📞(671)969-7829　🕐11～21時　休日曜

ハニーチポトレ
$9.45

トラディショナルフレーバー3個入り
$4.25

付録
MAP
P12B3
ココナッツ・ツリー・カンパニー
Coconut Tree Company

伝統的なチャモロスイーツ

ココナッツの果肉を使ったココナッツキャンディを製造販売するお店。オーナー一家に代々伝わるレシピで作られている。

ココナッツと砂糖で作る素朴なお菓子

DATA 🚶アガニア・ショッピングセンターから徒歩5分
🏠Ste 104 T.S. Tanaka Bldg., 4
📞(671)472-3775　🕐9～16時　休日・月曜

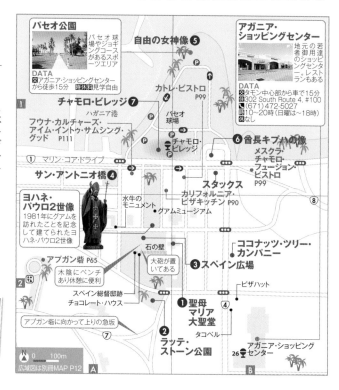

パセオ公園
パセオ球場やジョギングコースがあるスポーツエリア
DATA 🚶アガニア・ショッピングセンターから徒歩15分　🕐見学自由

自由の女神像 ⑤

アガニア・ショッピングセンター
地元の若者御用達のショッピングセンター。レストランもある
DATA 🚶タモン中心部から車で15分
🏠302 South Route 4, #100
📞(671)472-5027　🕐10～20時（日曜は～18時）　休無し

チャモロ・ビレッジ ⑦

ハガニア港

フワナ・カルチャーズ・アイム・イントゥ・サムシング・グッド P111

マリン・コア・ドライブ ①

サン・アントニオ橋 ④

ヨハネ・パウロ2世像
1981年にグアムを訪れたことを記念して建てられたヨハネ・パウロ2世像

アプガン砦 P65
木陰にベンチあり休憩に便利

アプガン砦に向かって上りの急坂

スペイン総督邸跡
チョコレート・ハウス

カトレ・ビストロ P99

パセオ球場

チャモロ・ビレッジ

酋長キプハの像 ⑥
メスクラ・チャモロ・フュージョン・ビストロ P99

スタックス

カリフォルニア・ピザキッチン P90

水牛のモニュメント

グアムミュージアム

石の壁

大砲が置いてある

ココナッツ・ツリー・カンパニー

スペイン広場 ③

ピザハット

聖母マリア大聖堂 ①

タコベル

ラッテ・ストーン公園 ②

アガニア・ショッピングセンター 26

0　100m
広域図は別冊MAP P12

ローカル感満載の買物天国!

チャモロ・ビレッジNight&Day

本場チャモロのフード屋台やお手頃な雑貨、ローカルアーティストによるクラフト作品など、
グアムの暮らしやカルチャーが丸ごと集合したディープなスポット! 水曜の夜は特に賑わう。

付録
MAP
P12A2
チャモロ・ビレッジ
Chamorro Village
エリア ハガニア

グアム文化に
ふれられるマーケット

赤い瓦の建物のひとつひとつに、工芸品を扱う専門店やチャモロ料理の店が入る。平日はのんびりとした時間が流れるが、水曜の夜に開催されるナイトマーケットでは人々の熱気で賑わいを見せる。

DATA ⊠タモンから車で15分、水曜の夜のみチャモロビレッジナイトマーケットシャトルも運行
🏠238 Archbishop Felixberto C. Flores St.

お祭りのような賑わいを見せる

食べ歩きにも最適

買物天国を楽しんで!

Hafa Adai!!

店員のサラさん

水曜夜にはテンションがMAXに

★☆★ 🎵 水曜の夜は… **Night**

店舗数:約100軒 | 所要時間:2時間

チャモロ・ビレッジ・
ナイトマーケット
Chamorro Village Night Market

熱気あふれるローカルナイト

毎週水曜の夜にのみ開催されるナイトマーケット。普通の常設店舗に加え、露店も多数登場。メインパビリオンの1階はライブ&ダンス会場に、カルチャー・ステージではチャモロダンスなども披露される。

DATA 📞(671)475-0377
⊠水曜18〜21時ごろ開催

屋台グルメを食す!

グアムスタイルのBBQをはじめローカルフードが満載

日本人にもおすすめのチキンケラグエン

好きな料理2〜3品とライスが付いて$10前後

アイランド雑貨をGET!!

水牛の形をしたランプ

名入れもできる壁掛け

I LOVE GUAM USA

ペイントを施したココナッツ

素朴で温かいナチュラルなバングル

トロピカル感満点のカゴバッグ

アクセサリーはお手ごろ価格で揃ってます

チャモロ人男性のネックレス「シナヒ」

開運グッズも♪

ラッキーアイテムのボージョボー

ダンス好きのローカルが集うメインパビリオン

オンシーズンの人出の多い19〜20時ごろはアイランドダンスショーも

※2023年11月現在、ダンスは休止中。

お昼は… **Day**

店舗数：約20軒　　所要時間：1時間

ヌマロ・リフィレリー
Numa'lo Refillery

自然環境に優しいコスメ

自然や地球に優しいナチュラルコスメを販売。シャンプーやリンスは必要な分だけ購入でき、ゴミを出さない社会を目指している。

サンゴに優しいリーフセーフのサンスクリーン$20

DATA 📞(671)989-3444 🕐11〜19時(水曜は〜20時、土・日曜は〜17時) 🈲月曜

植物性のクレンジングオイル$15

洗濯用洗剤も量り売りで販売。1オンス$0.75

グアム・ギャラリー・オブ・アート
Guam Gallery of Art

歴代の作品が並ぶギャラリー・作品モチーフのグッズも販売

グアムを題材にしたアート

チャモロ文化や女性をテーマに制作活動をするアーティスト、ファルコンさんのショップ。

DATA 📞(671)688-0320 🕐11〜18時 🈲日曜不定休

恋人岬やグアムの海に浮かぶ船を題材にしたポストカード$5

アーティストのファルコンさん

アイランド・ファラフェル＆モア
Island Falafel & More

ヘルシーな中東料理

ヴィーガンフードとしても人気のひよこ豆のコロッケ・ファラフェルや、エスニックなサラダなどをテイクアウトできる。

DATA 📞(671)483-3314 🕐10〜16時 🈲火・木・土・日曜

ローステッドベジタブルボウル$13

サラダやフムスも付いたファラフェルコンボ$13

アイランド・アイコン
Island Icons

3Dパズルをおみやげに

アーティスト、ロン・カストロ氏のショップ。自身がプロデュースする3Dパズルやグアムメイドのアイテムが並ぶ。

DATA 📞(671)488-2787 🕐10〜15時(水曜は〜20時) 🈲土・日曜

切り出した木材に色付けしたアート$300

グアムアート界の重鎮、ロン・カストロ氏

ここに注意！

☐クレジットカードは使えない
☐現金は$10札以下を用意
☐余計な貴重品は持って行かない
☐迷子にならないように注意
☐水曜の夜は駐車場が満車。シャトルバスやタクシーを利用しよう

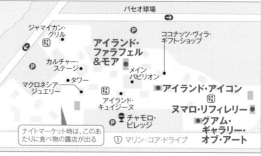

パセオ球場

ジャマイカン・グリル

カルチャー・ステージ

マクロネシア・ジュエリー

タワー

ココナッツ・ヴィラ・ギフト・ショップ

アイランド・ファラフェル＆モア

メインパビリオン

アイランド・アイコン

アイランド・キュイジーヌ

ヌマロ・リフィレリー

チャモロ・ビレッジ

グアム・ギャラリー・オブ・アート

ナイトマーケット時は、このあたりに食べ物の露店が出る

① マリン・コア・ドライブ

グアムでドライブ①準備編

レンタカー&運転ガイド

タモンやタムニングを中心に回るなら、シャトルバスでの移動も可能だが
郊外に出かけるのにはやっぱりレンタカーが便利。日本の運転免許証で借りることができる。

レンタカーを借りる

① 予約をする

日本のレンタカー予約・問合先に電話やネットで申し込むか、旅行会社を通して予約する。日本で予約すると予約確認書かクーポンが送られてくるので必ず持参しよう。

ハーツ・レンタカーの空港営業所カウンター

② 車を借りる

現地カウンターに、運転免許証、パスポート、クレジットカード、予約確認書またはクーポンなどを提示して手続きする。保険の内容などを確認して契約書の所定欄にサインする。

レンタカーをスタッフと一緒にチェック

> **任意保険に加入を**
> レンタカー料金にはLP（自動車損害賠償保険＝対人・対物保険）が含まれる。任意保険のLDW（車両損害補償制度）やPAI/PEC（搭乗者傷害・携行品保険）にも加入しておきたい。

③ ガソリンは満タンに

レンタカー返却前にガソリンスタンドで満タンにしておく。レンタカーのガソリンの種類はほとんどがレギュラーRegular。料金は1ガロン（約3.8ℓ）あたりで表示される。

セルフサービスのガソリンスタンド利用法（クレジットカードの場合）

① クレジットカードを所定の位置に入れ、「INSERT LOYALTY CARD OR BEGIN FUELING」の表示が出たら「CONTINUE」を押す

② 車の給油口のキャップ（車種によってはキーが必要）を取り、レギュラーのノズルを上げ、フックを上げる

③ ノズルを給油口に入れ、グリップを握って給油開始。ガソリンが満タンになるとカチッと音がして自動的にストップする

④ ノズルを戻して給油口を閉める。表示された料金を確認。作業が終わってレシートを受け取れば完了

④ 車を返却する

営業所に返す場合は営業所の駐車場へ、空港で返す場合は「Car Rental Return」の標識に従って、各レンタカー会社専用駐車スペースに進む。キーや書類を持ってカウンターで精算。

＼ 主なレンタカー会社 ／

	会社名	グアム営業所DATA	日本の予約・問合先	料金	備考
付録MAP P5A3	ハーツ・レンタカー Hertz Rent-a-Car	メインオフィス／空港 ☎(671)588-5100	☎0800-999-1406（無料） 🖥www.hertz-japan.com	コンパクトカークラス1日$49〜（対人対物保険込み）	運転資格は21歳以上
付録MAP P10B3	エイビス・レンタカー Avis Rent-a-Car	タモン営業所 ☎(671)646-2847	☎0120-31-1911（無料） 🖥www.avis-japan.com	コンパクトカー1日$66.50〜（対人対物保険込み）	タモンと空港に営業所あり 運転資格は21歳以上
付録MAP P8B3	ジャパン・レンタカー JAPAN Rent-A-Car	タモン店 ☎(671)647-6000	🖥japarenguam.com/	コンパクトカークラス1日$34〜（対人対物保険込み）	運転資格は18歳以上
付録MAP P10B3	ニッポン・レンタカー Nippon Rent-A-Car	タモン営業所 ☎(671)646-1243	☎0120-107-186（無料） 携帯電話は03-6859-6233 🖥ja.nipponguam.com/	エコノミークラス1日$48〜（ハイシーズン除く、対人対物保険込み）	空港までの送迎は9〜16時30分まで（$9/人）。運転資格は18歳以上（21歳未満は保険加入必須）
付録MAP P11D4	ニッサンレンタカー Nissan Rent-a-Car	アッパータモン営業所 ☎(671)646-7264	🖥www.nissanrent.com/jp/	コンパクトカー1日$38〜（対人対物保険込み）	運転資格は21歳以上

ドライブの注意点

日本と大きく異なるのは、グアムは右側通行、左ハンドルということ。速度表示はマイル（1マイル＝約1.6km）なので、スピードの出し過ぎに注意！

🚗 左ハンドル、右側通行

ハンドルは左で右側通行。ウインカーは左、ワイパーは右にある。駐車場から出るときや左折時、中央線がない道では間違えやすいので注意を。

こういう場所が間違いやすい

🚗 赤信号でも右折OK

「NO RIGHT TURN ON RED」の標識がある交差点以外では、赤信号でも一時停止すれば右折できる。現在は日本同様、運転中（走行中はもちろん、信号待ちや渋滞などでの停止中も）の携帯電話は交通違反になる。

一番右側の車線は赤信号でも右折可能

🚗 左折時はイエローレーンへ

イエローレーン

の車にも注意が必要

イエローレーンに入ってくる対向車がいることを忘れずに

イエローレーンに入る時は左側だけでなく、右側から左折するためにイエローレーンに入ってくる車に注意しよう

中央帯に黄色の線ではさまれた車線（通称イエローレーン）があり、左折の場合は、イエローレーンに入る。ただし、対向車も入ってくるので注意して。

🚗 荷物を車内に残さない

車を離れるときは車外から見える場所に荷物を置かないこと。大きな荷物は必ずトランクに。貴重品は携帯するかホテルのセーフティボックスに。

🚗 シートベルトは必ず着用！

全座席のシートベルト着用が義務付けられている。新生児～4歳はチャイルドシートの着用、体重40lbs.（約18kg）以上の4歳～身長4ft.9in（約145cm）以下の11歳まではブースターシートの使用が定められている。

チャイルドシートは設置規定もあるので予約時に確認

🚗 スクールバス停車時は対向車も停止

黄色いスクールバスがハザードランプを点けて停車したら、後続車、対向車は停止しなければならない。広い道路でも例外ではない。

前方にスクールバス停があることを表示

🚗 万が一の場合は

事故に遭遇してしまったら、まず警察📞911に通報して、次にレンタカー会社に連絡する。けが人がいるときは救助を最優先に。海外旅行保険に加入していれば、現地代理店にも連絡を。

🚗 法定速度を守ろう

スピードはマイル表示（1マイル＝約1.6km）。法定速度は時速35マイル（約56km/h）、市街地は25マイル（約40km/h）が一般的。

🚗 身体障害者スペースに駐車しない

多くの駐車場には身体障害者用のスペースが用意されているが、関係のない人が身体障害者スペースに駐車することは交通違反になる。

🌴 主な道路標識 🌴

前方優先道路	一時停止	左折禁止 NO LEFT TURN	右折禁止 NO RIGHT TURN	右カーブ近し CURVE	右三差路 INTERSECTION	下り坂注意 HILL	信号機 TRAFFIC SIGNAL

進入禁止	追越し禁止	左矢印時のみ左折可	最高時速45マイル（約72km/h）	最高時速35マイル（約56km/h）	スリップ注意 SLIPPERY WHEN WET	横断歩道 PEDESTRIAN CROSSING	学校近し SCHOOL AHEAD

グアムでドライブ②初心者編

南部をめぐるお手軽コース

レンタカーを借りたら、さっそくドライブへ。このページではグアムで初めて海外ドライブデビューする人でも安心のコースをご紹介。歴史的名所や自然が残る島の南部をめぐれば、グアム本来の魅力が感じられる。

♈ コース解説 ♈

タモンを起点に海岸沿いのホテル・ロード、マリン・コア・ドライブ（ルート1）、ルート2を南下していく。ルート4で島東部まで回ったら、デデドまで走る。ランチやショッピングまで含めて所要約7時間。南部の主な史跡を網羅した王道コースだ。

0　　　5km

マイクロネシア・モール ⑧

フィッシュアイ ①
マリンパーク
海中展望塔

太平洋戦争 ②
記念館
ビジター
センター

セッティ湾 ③
展望台

ウマタック橋
ソレダッド砦 ④

メリッソ桟橋
ココス島行き船乗り場

デデド
タモン
タムニング
ハガニア
グアム国際空港

ジェフズ・ ⑦
パイレーツ・コーヴ

タロフォフォの ⑥
滝公園

イナラハン天然プール ⑤

Start!!

タモンを
出発♪

車で30分 ⬇

Spot 1　フィッシュアイ マリンパーク 海中展望塔

付録
MAP
P6C1

Fish Eye Marine Park
Underwater Observatory

海洋保護区に位置する海中展望塔で、グアムの色鮮やかな熱帯魚やサンゴ礁を天候に関係なく観察できる。所要約30分。DATA →P35

窓の向こうは感動的な海の世界

展望塔に向かう桟橋からは絶景が眺められる

Spot 3　セッティ湾 展望台

付録
MAP
P7B3

Cetti Bay Overlook

チャモロ文化発祥の地として知られる場所。高台の展望台から、セッティ湾の美しい景色とその周りに広がるジャングルが一望できる。ココス島（→P20）やココスラグーンもよく見える。所要約20分。

DATA 🚗タモン中心部から車で40分
🏠Umatac 🕐休見学自由

青いフィリピン海と弧を描く湾がくっきりと見える

車で15分

Spot 2　太平洋戦争記念館ビジターセンター

付録
MAP
P6B2

War in the Pacific
National Historical Museum
T.Stell Newman Visitor Center

旧日本軍の資料や戦争時のチャモロの人々の生活の様子を映像や音声解説で分かりやすく紹介する博物館。所要約30分。

車で10分

DATA 🚗タモン中心部から車で30分 🏠Marine Corps Dr.,Sumay 📞(671)333-4050 🕐9〜16時 🚫日・月・水曜 💰無料

建物正面には旧日本軍の2人乗り潜水艦を展示

3 から **4** まで車で10分

3と4の途中で
立ち寄って！

スペイン風デザインのウマタック橋（付録MAP P7B4）。ここから南はルート4になる

Spot 4
付録
MAP
P7B4

ソレダッド砦
Fort Soledad

スペイン統治時代、交易船保護のために造られた砦。石造りの司令塔と3基の砲台のレプリカが、ウマタック湾に向かって置かれている。砦からはウマタック村が望める。所要約20分。

DATA 🚗タモン中心部から車で50分 🏠Umatac
時休見学自由

白い石組みの塀に囲まれ砲台が並ぶ

Spot 5
付録
MAP
P7C4

イナラハン天然プール
Inarajan Natural Pool

🚗 車で25分

波や風、火山活動によって岩が浸食されてできたプール。飛び込み台が置かれ、週末にはローカルたちが飛び込む姿も。海水がせきとめられているからプール内は穏やか。所要約30分。

DATA 🚗タモン中心部から車で60分 🏠Inarajan 時休見学自由

泳ぐこともできるが、深いところもあるので注意

Spot 6
付録
MAP
P7C3

タロフォフォの滝公園
Talofofo Falls Resort Park

車で15分

タロフォフォ川の支流にある3段の滝。園内のロープウェイに乗って、ジャングルと雄大な滝を見学できる。元日本兵・横井庄一さんが潜伏した洞窟のレプリカも。所要約1時間。

横井さんが28年間潜伏した洞窟を再現

DATA 🚗タモン中心部から車で50分 🏠Talofofo 📞(671) 828-1151
時9～17時 休月～木曜 料入園料（ロープウェイ含む）$15（子ども$8）

車で15分

Spot 7

ここでランチ♪

付録
MAP
P7D3

ジェフズ・パイレーツ・コーヴ
Jeff's Pirates Cove

南東部のドライブイン的なレストラン。オープンエアのテーブルで看板メニューのホームメイドチーズバーガー$18などをめしあがれ。

DATA 🚗タモン中心部から車で40分 🏠4 Ipan, Talofofo
📞(671) 789-1582 時10～18時（金～日曜は9～19時） 休なし

ドクロマークの看板が目印。ジェフさんが迎えてくれる

Hi.

ディープ・フライドフィッシュ・サンドイッチ$18もおすすめ

ロープウェイから眺める滝もすばらしい

Spot 8
付録
MAP
P9D3

マイクロネシア・モール
Micronesia Mall

車で30分

最後はグアム最大級のショッピングモールへ。100以上の店舗が入っているので、フロアマップで行きたい店をチェック。車なら大量買いでも大丈夫。

DATA →P78

🛒 タモンまで車で10分

Goal!!

グアムでドライブ③上級者編

絶景をめぐる島一周コース

オプショナルツアーなどで主な観光スポットを回ったら、自力でしか行けないちょっと通なスポットにも足を運んでみよう。駐車場から目的地までかなり歩くみどころも多いので注意して。

🌴 コース解説 🌴

タモンを起点に海岸沿いをリティディアン・ビーチまで北上したら、恋人岬まで戻り、さらに南下。アプガン砦からルート4で島東部へ。最後は南部のメリッソからタモンへ北上する。所要約7～8時間。余裕を持って回れるようにできるだけ早めにスタートを。

Start!!

タモンを出発♪

車で40分
（デデドの朝市までは車で15分）

Spot 1

付録 MAP P4B1
リティディアン・ビーチ
Ritidian Beach

グアム島最北端にあるビーチで、透明度はグアム随一といわれる。流れが速いため遊泳は禁止されている。所要約20分。ゲート付近に駐車場あり。

DATA 🚗タモン中心部から車で40分 🏠Ritidian Beach ⏰ゲート開門は7時30分～16時 🗓月・火曜、祝日 💰見学自由

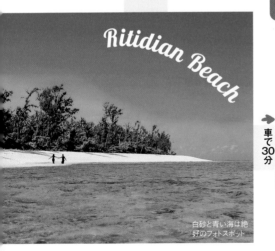

Ritidian Beach

白砂と青い海は絶好のフォトスポット

週末ドライブなら、毎週土・日曜に開催されるデデドの朝市へ。新鮮な野菜やフルーツの屋台が並び、ローカルで賑わう。食材だけでなく軽食の屋台もあるので朝食に立ち寄るのもいい。

DATA → P66
開催は6～9時頃

stopping on the way

Spot 2

付録 MAP P9D1
恋人岬
Two Lovers Point

チャモロカップルの悲しい伝説が残るが、現在は恋人の聖地に。断崖上に造られた展望台からはタモン湾が一望できる。サンセットスポットとして有名だが、日中の眺めも素敵。所要約30分。DATA →P42

車で30分

ハートロックにはカップルのメッセージが

海抜120mの断崖にある展望台

Spot 3

付録MAP P12A3

アプガン砦
Fort Apugan

coconut juice

車で20分

ハガニアから少し行ったところにある、スペイン軍の砦跡。3基の砲台のレプリカがあり、当時の面影を偲ばせる。天気がいい日には周辺にココナッツ屋台が出るので、ジュースを味わって。所要約20分。

新鮮なココナッツジュースは$5くらい。挑戦してみて

DATA 交タモン中心部から車で20分 住Ft. Santa Agueda 時7〜18時 休なし 料見学自由

アガニア湾を一望できる絶好のロケーション

!? 5と6の途中で立ち寄って!

イナラハンの先には熊岩（付録MAPP7C4）がある

Spot 6

付録MAP P7B4

メリッソ・ピア・パーク
Merizo Pier Park

5から6まで車で45分

グアム島最南端メリッソ村にある公園。週末にはローカルがBBQをしたり海辺で遊んだりと賑わいをみせる。風情ある木製の桟橋の向こうにはココス島とラグーンを望み、SNS映えする写真が撮れることでも知られる。所要約30分。

海の向こうに見えるのがココス島、海の色がグラデーションに見えるラグーンも美しい
©Yagi-Studio/

DATA 交タモン中心部から車で50分 住Merizo 時休料見学自由

Spot 8

付録MAP P8A4

グアム・プレミア・アウトレット
Guam Premier Outlets

車で15分

ドライブの最後はタムニングにあるアウトレットモールへ。フードコートや映画館などもあり、ショッピングだけでなくいろいろな用途に使える。バラマキみやげを選ぶのにも◎。DATA →P72

ここでランチ♪

Spot 4

付録MAP P6D1

タイ・スムージー・アンド・グリル
Thai Smoothie & Grill

車で5分

小さなフードスタンドでスムージーやタイ料理のランチを。テイクアウトか店先のテーブルで味わえる。スムージーにはココナッツの果肉やフルーツゼリーが入り、食感が楽しい。

タイ風焼きそばのパッド・タイ$10。マイルドで食べやすい

DATA 交タモン中心部から車で25分 住Cnr. Dero Dr.,Ordot ℡(671)929-8534 時10〜19時（土曜は〜17時） 休日曜

マンゴースムージーやマンゴージュースもおいしい

車で5分

Spot 5

付録MAP P6D2

パゴ湾展望台
Pago Bay Vista Point

穏やかなパゴ湾とリーフが望める。看板や目印がない小さな展望台なので、見逃さないように。湾の西側にはジャングルが広がり、南国ならではの木々が見られる。所要約10分。

DATA 交タモン中心部から車で30分 住Yona 時休料見学自由

パゴ湾の広い入江が見える。湾の先にはグアム大学も

6と7の途中で立ち寄って!

6から7まで車で30分

アガット・マリーナの手前にはスペイン古橋が残る（付録MAPP7B3）

Spot 7

付録MAP P6C1

アサン・ビーチ
Asan Beach

広々とした芝生がある太平洋戦争国立歴史公園内のパブリックビーチ。園内には戦争にまつわる展示物も点在する。ビーチは観光客も少なく、散策するのに最適。所要約30分。

ヤシの木が並び、南国ムードたっぷり

DATA 交タモン中心部から車で20分 住Asan 時休料見学自由

タモンまで車で10分 ➡ Goal!!

ロコに交じって掘出し物をGET!!

週末はデデドの朝市へ

滞在がウイークエンドに重なるなら、早起きして朝市へ！グアムのB級グルメから生活雑貨まで
何でも揃い、いつもローカルで大賑わい。何を買うか、何を食べるかは行ってからのお楽しみ。

付録
MAP
P5B3

デデドの朝市
Dededo Flea Market

エリア デデド

所要時間
1時間

新鮮な野菜や果物、ローカルフードが並ぶ

おばちゃんたちの元気なかけ声が飛び交うグアムの朝市。ローカルの週末はここからスタート。採れたての新鮮な野菜やフルーツ、朝ごはんにピッタリなローカルフードのほか、生活雑貨まで揃い、見ているだけで楽しい。

DATA 交 タモン中心部から車で15分　住 Marine Corps Dr.
電 なし　営 土・日曜6〜9時頃

タモンからの Access

朝市へ行く赤いシャトルバスは休止中だったが、2024年1月下旬以降再開予定。詳細は公式サイトで確認を。レンタカーの場合駐車場はあるが、周辺は車も多く、道も狭いので注意。

お店の人とのコミュニケーションも楽しい

採れたてのバナナやココナッツも売られている

朝ごはんを調達！

フィリピンのお粥、アロスカルド

マンゴースムージータピオカ入り

バナナルンピア（春巻）は人気のおやつ

新鮮な野菜がズラリ！

タロイモが売られているの初めて見た〜！

南国フルーツもいろいろ。ホテルの部屋で食べるのもいい

こんなものまで売っています！

生活用品もいろいろ売っている

子どもが喜ぶおもちゃ

靴下の山はローカルに大人気

バーベキューやお粥など朝市グルメのエリア

トロピカルな雑貨のエリア

P

入口

出口

新鮮な野菜や果物が並ぶファーマーズ・マーケット

※デデドの朝市は2023年11月現在、規模を縮小して開催中。おみやげなどの屋台はほとんど出店していない

リガン・レクリエーショナル・エリア3
Liguan Recreational Area 3

モービル

ジーゴへ

タモンへ

0　　50m

Theme3

ショッピング

Shopping

大型ショッピングセンターをはじめ

カラフルなリゾートドレスや水着ショップなど

ショッピングクルーズを満喫しよう。

リゾート気分を盛り上げる

女子力UPのビーチファッション

グアムで女子が買うべきものといえばリゾート感あふれるビーチファッション！
日本では見かけない、色や柄、デザインも豊富に揃い、それだけにお気に入りを探す楽しみもアップ！

水 着

ビーチの主役は水着。南国モチーフものや、自由に上下が組み合わせできるもの、ビーチガール御用達の動きやすいものなど、お気に入りをチョイス！

$55

ギンガムチェックにフリルがキュートなビキニ

$65

$65

ハワイのブランドKAINANIの水着。グアム出身女性のデザイン

$55

ビビッドカラーのビキニはトップスのディティールがステキ！

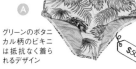

$79

$50

グリーンのボタニカル柄のビキニは抵抗なく着られるデザイン

$80

KAINANIの水着はリバーシブル。こちらもグアム出身女性のデザイン

$65

$53

ベビーピンク×花柄が大人かわいいビキニ

A ロコ・ブティック
Loco Boutique
エリア タムニング　付録MAP/P14

ハワイ生まれの水着ショップ

最新のトレンドを取り入れた水着が人気。上下別々に購入できるので、組合せも楽しめる。パシフィック・プレイス（→ P53）にも店舗がある。

DATA タモンシャトルなどでグアムプレミアアウトレット下車すぐ　グアム・プレミア・アウトレット（→ P72）内　(671)649-3667　10〜21時　なし

B バンビーノ
Bambino
エリア タモン　付録MAP/P10B3

ここだけのアイテムは要チェック
日本人オーナーが厳選したLAの最新アイテムがならぶ。芸能人もお忍びで訪れるとか。個性的なものから洗練されたデザインのものまで揃う。

DATA →P70

C シーズ＋サイドウォーク
Seas＋ sidewalks
エリア デデド　付録MAP/P16

個性派リゾートウェアが充実

オーナーこだわりの人気ブランドをインポート。水着やサングラスなどリゾートを満喫できるアイテムが揃い、トータルコーディネートできる。

DATA → P79

ギンガムチェックが元気なビキニ。エレガントなデザインが苦手な人にも

$49

$45

C

$42

上下別売りなので、ボトムは色違いで揃えて気分で替えても◎

$40

D

$42

$45

大人っぽい柄のVOLCOMのビキニは着やすさ抜群！

D

サンダル

かわいい水着をゲットしたら、足元までおしゃれに揃えたくなるもの。帰国してからも普段使いできるビーチサンダルは、水着に合わせて現地調達するのがおすすめ！

$34

色もデザインもおしゃれなハワイアナスのレディースサンダル

E

$40

履きやすさ抜群のレディースクロックス

E

$42

足長効果もある厚底サンダル。タウンファッションにも◎

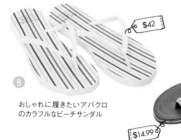

$42

B

おしゃれに履きたいアバクロのカラフルなビーチサンダル

ビジューが華やかなサンダルをロス・ドレス・フォー・レスで発見（ディスカウント価格）

$14.99

F

D ロータス・サーフ
Lotus Surf

エリア タモン　付録MAP/P10B4

ローカルサーファー御用達

クイックシルバーやビラボン、ロキシーといった有名ブランドが数多く揃う。ビーチアイテムはもちろん、サーフィンググッズも豊富。

DATA ☒タモンシャトルなどでアカンタモール／グランドプラザホテル下車すぐ　🏠La Isla Plaza Suite 101,1010 Pale San Vitores Rd. 📞(671)649-4389　🕐12〜19時　休なし

E フリップ・フロップ・ショップス
Flip Flop Shops

エリア デデド　付録MAP/P16

ビーチサンダルの品揃えが◎

クロックス、ハワイアナス、ロキシーなど人気ブランドのサンダルが揃う。ビーチで大活躍するサンダルは、フィット感やデザインをチェックして。

DATA →P79

F ロス・ドレス・フォー・レス
Loss Dress For Less

エリア タムニング　付録MAP/P14

アウトレット商品が大集合

アパレルや雑貨が激安価格で並ぶディスカウントストア。有名ブランドもお得にゲットできるかも!? 宝探し気分で掘出し物を見つけたい。

DATA →P73

リゾートファッション

\\ 楽園リゾートを満喫したい！ //

楽園グアムを100%満喫するリゾートファッションは、現地調達がおすすめ！
夏感あふれるファッション雑貨やTシャツなど、心ときめくアイテムをゲットしよう！

リゾートドレス

涼しげなリゾートドレスは、
常夏グアムでマストなファッションアイテム。
友だちやキッズとペアルックが可能なお店も。

Ｂ 涼しげな色合いが南国の太陽に似合うワンピース

$55

Ｂ ふんわりとした生地できれいなAラインのワンピースはフェミニンな雰囲気

$55

Ｃ 落ち着いた色味とレトロな総柄でガーリーにも大人っぽくも着られるワンピース

$89

Ｂ パターンのくり返しがおしゃれなマキシ丈のワンピース

$55

$80

Ａ さらさらとした生地で着心地がよく、さわやかな色合いのワンピースは親子でお揃いも

$40

Ａ マムエモア

MAM et MOI

エリア タモン　付録MAP/P15

親子コーデが叶うリゾートドレス

カラフルでエレガントなリゾートウェアや雑貨、小物がズラリと並ぶセレクトショップ。テンションが上がる美しい色合いのリゾートドレスはキッズ用もある。

DATA 🚌 タモンシャトルなどでデュシットビーチ／デュシットプレイス前下車すぐ　🏨 デュシットプレイス（→P76）内　📞(671)969-6655　🕐10～20時　🈳なし

Ｂ バンビーノ

Bambino

エリア タモン　付録MAP/P10B3

セレブも注目するブランドが揃う

人気のアメリカンブランドを中心にアパレルから雑貨、アクセサリーなど独自の視点で選んだアイテムが豊富。リゾートステイにピッタリなウエアや雑貨をチェック。

DATA 🚌 タモンシャトルでアカンタモール／グランドプラザホテル下車すぐ　🏨 アカンタ・モール（→P53）内　📞(671)646-1121　🕐10時30分～18時　🈳なし

Ｃ シーズ＋サイドウォーク

Seas＋sidewalks

エリア デデド　付録MAP/P16

個性派リゾートウェアならここで！

個性とセンスが光るオーナーこだわりのアイテムが人気。リゾートや街歩きにぴったりなアイテムから水着、ファッション雑貨まで、どれもかわいくて欲しくなる。

DATA →P79

Tシャツ

何枚あっても困らないTシャツはおみやげにも◎。
人気のセレクトショップやプチプラがうれしいコンビニでも、
お気に入りを見つけたら即ゲット!

$32 B

$30 E

ピンクが鮮やかなユ
ニセックスのTシャツ

グアムらしいデ
ザインと色合い
がカワイイ! D

シャーク柄のバック
プリントがインパクト
大のTシャツ

$32

レトロ感のあるデザインで
人気のCALIFORNIA
GOOD LIFEのTシャツ B

$15.99

$15.99 D

コーディネートし
やすそうなレデ
ィースTシャツ

アクセサリー&雑貨

チェックしたいのはメイド・イン・グアムのアクセサリー。
天然の貝を使ったアイテムはリゾート感いっぱい。
夏らしさ満点のカゴバッグも絶対欲しい!

ローカルガールがデザイ
ンする白い貝を使ったハ
ンドメイドのネックレス

$12 F

$35 F

古代チャモロ社会で
通貨として用いられた
貴重な貝、スポンディ
ルスのピアス

$28

$56

$16 F

ウミガメをモチーフにし
たピアス。ハイビスカ
スの模様がかわいい

涼しげなカゴバッ
グはビーチのマス
トアイテム

リゾート感いっぱい
のバッグはテンショ
ンアップ間違いなし A

D ABC ストア

ABC Store

エリア タモン　付録MAP/P15

Tシャツの品揃えがスゴイ!

タモンやタムニング
に複数店舗を展開
するハワイ生まれの
コンビニ。食品から
コスメ、Tシャツまで揃う豊富な商品
展開で、おみやげ探しにもおすすめ。

DATA → P84

E ハファロハ

Hafaloha

エリア タモン　付録MAP/P10B3

シェイブアイスの有名店

巨大なシェイブアイ
スでも知られるアパ
レルショップ。オリ
ジナルデザインやス
トリート系のファッション小物が並
び、ローカルにも大人気!

DATA →P114

F ヴィダ・ローカル・グアム

Vida Local Guam

エリア ハガニア　付録MAP/P12B4

ハンドメイド小物にひと目ぼれ

ローカルガールが
手がける、貝や天
然石を使ったハンド
メイドアクセサリー
のブランド。女性らしいやわらかなデ
ザインのピアスやネックレスが揃う。

DATA タモン中心部から車で15分 ア
ガニア・ショッピングセンター（→P57）内
なし 10〜20時 なし

お値打ちアイテムの宝庫

グアム・プレミア・アウトレット

人気ブランドをお値打ちプライスでゲットできる夢のアウトレットモール。カルバン・クライン、
トミー・ヒルフィガーなど、魅力のショップが勢揃い。くれぐれも買い過ぎにはご用心！

付録
MAP
P8A4

グアム・プレミア・アウトレット
Guam Premier Outlets

エリア タムニング　フロアMAP 付録P14

エンタメ施設も充実！
グアム最大のアウトレット

約40店舗以上の小売店が集まる人気アウトレット。ブランドアイテムが30〜80％OFFになる店も。なかでも洋服から日用品まで扱うロス・ドレス・フォー・レス（→P73）はまとめ買いにも便利。敷地内には人気レストランや映画館まで揃う。

DATA ✕タモンシャトルなどでグアムプレミアアウトレット下車すぐ 住199 Chalan San Antonio, Tamuning ☎(671)647-4032 営10〜21時 休なし

フードコートの情報は
→ P110

🌴 Recommend Point 🌴

☐ ブランド品の大幅ディスカウントあり

☐ シーズンごとのセール、プロモーションも多数

☐ キッズカートの貸出しは有料
　（インフォメーションカウンターへ）

☐ Wi-Fi スポット
☑ ベビーカーまたはキッズカート貸出し
☑ ATM マシン　☐ 円支払い（一部を除く）
☐ 送迎サービス

リーバイス・アウトレット
Levi's Outlet　付録MAP/P14

定番デニムとTシャツも
お手ごろ価格でゲット！

ベーシックな 501 シリーズやTシャツ、パーカー、レディース、キッズラインなどのアイテムがところ狭しと並ぶ。最大60％オフのアイテムもあるので気になるものはチェック！

DATA ☎(671)969-6570

$24.99
鮮やかなブルーのTシャツはキッズ用

$89.99

$44.99
夏に活躍しそうなマイクロショートパンツ

街でもおしゃれに着たいTシャツは種類豊富

ローカル・フィーバー
Local Fever　付録MAP/P14

プチプラ価格で
買物熱急上昇

ガーリーなレディスウエアやバッグ、アクセサリーが揃うハワイ発のカジュアルブランド。驚くほどリーズナブルなのでまとめ買いもおすすめ。お手頃価格でかわいいファッション雑貨は女子ウケおみやげに。

DATA ☎(671)648-5326

何種類も欲しくなるお手頃価格のサングラス
$5.99

$16.99
パキっとした青色が目を引くキャミソール

$22.99

フロントの結び目がかわいいストライプシャツ

スティーブマデン
STEVE MADDEN 付録MAP/P14

セレブも愛用するお手頃シューズブランド

NY発のトップシューズブランド。遊び心あふれるものからモードな雰囲気まで、様々なデザインのシューズやバッグが揃う。お手頃価格なのもうれしい。

DATA 📞(671)480-4812

$89.99
レインボーカラーで足元からご機嫌に
$111.99
ファッションのアクセントになる鮮やかなサンダル

ヴィンスジュエラーズ
VINCE JEWELERS 付録MAP/P14

リゾートならではのキュートなジュエリー

ダイヤモンドを散りばめた高価なリングから、花々をモチーフにしたエレガントなペンダントトップまでバラエティ豊か。エンゲージリングも人気。

DATA 📞(671)649-9888

14Kのプルメリアネックレス
$179

グアムマークをあしらったペンダントトップ
各$319

$219
14Kピンクゴールドのハワイアンデザインリング

まとめ買いはここで！

ロス・ドレス・フォー・レス
Ross Dress For Less 付録MAP/P14

掘り出し物を見つけたい

カルバン・クラインやラルフローレンのアパレルなどが大幅にディスカウント！ファッションブランド以外のキッチン用品、リビング雑貨も破格のプライス。商品ジャンルが様々なので、自分用にもおみやげ探しにもぴったり。

DATA 📞(671)647-7677 時6〜24時

オープン直後からレジに列ができるほどの人気

Attention!
- 商品に傷がないか、購入前に慎重にチェック
- MサイズコーナーにSやLなど異なるサイズが混在することも。購入前には必ずサイズを確認
- シューズやウエアなどセット商品は、対となる商品が見つからないことも多い。探し出すのは至難の業なので、ほどほどで諦めよう
- ジュエリーや時計は番号シートを受け取り、順番が呼ばれるのを待つシステム

$17.99
ガーリーにも大人かわいくも着られるレトロなワンピース

FASHION
$6.49
スカートにも合わせやすいレディースキャップ

$8.99
チャンピオンのTシャツもお得にゲット！

アロマキャンドルは女子みやげにおすすめ
$9.99

キッチンウェアも豊富。いくつも欲しくなる
$6.49

ZAKKA

$12.99
インテリアのアクセントになるフォトスタンド

$23.99
トミーヒルフィガーのレディースバッグ

ショッピング グアム・プレミア・アウトレット

73

ハイブランドも免税で!

Tギャラリア グアム by DFS

ハイブランドの店舗が並ぶショッピングセンター。世界の一流ブランドが集まるラグジュアリーブティック、マルチブランドコーナー、ビューティーギャラリーコーナーのほか、おみやげも豊富に揃うお買物天国。

付録
MAP
P11D3

Tギャラリア グアム by DFS

T Galleria Guam by DFS

エリア タモン　フロアMAP 付録P13

ラグジュアリーなたたずまい

Tギャラリア限定商品が充実したビューティエリア

ラグジュアリー空間でブランド探し

グッチ、プラダ、エルメスなど、世界的に有名な一流ブランドはもちろん、コスメやフードのセレクションも洗練された品揃えを誇る。Tギャラリア グアム限定のアイテムを探すのも楽しい。オリジナルサービスも充実。

DATA ⊠タモンシャトルなどでTギャラリア by DFS下車 🏠1296 Pale San Vitores Rd. 📞(671)646-9640 🕐13〜19時(土・日曜は〜21時) 🚫なし

- ☑ Wi-Fi スポット
- ☑ ベビーカーまたはキッズカート貸出し
- ☑ ATM マシン　☑ 円支払い(一部を除く)
- ☐ 送迎サービス

🌴 Recommend Point 🌴

- ☐ 一流ブランドから手頃なアイテムまで豊富な品揃えが魅力
- ☐ 海外ブランド商品は日本で買うよりもお得なものも
- ☐ コスメセットなどお得な DFS 限定アイテムも充実
- ☐ 事前に HP で会員登録してお得に買物を楽しもう

フェンディ

FENDI 付録MAP/P13

ローマ発の老舗ファッションブランド

イタリア・ローマ発の高級老舗ブランド。Fのロゴ入りのアイテムは世代を問わず人気が高い。長く愛用できる良質なものは、自分用のおみやげとして旅の思い出にも。

私服にも仕事用にも合わせやすい2wayハンドバッグ
$2820

$500

ブランドロゴとコロンとしたフォルムがかわいいウォレット

トリー バーチ

Tory Burch 付録MAP/P13

ディティールが美しいコレクションに注目

大胆なグラフィックプリントで有名なブランド。スタイリッシュで着心地のよいデザインに定評がある。Tギャラリア内でも指折りの人気で、ファッション小物を中心に展開。

$251
折りたたみ可能な羊革を使用したフラットシューズ

$768

$218
ラムスキンの柔らかい素材でできた人気のウォレット

クリーンなラインにロゴの金具が映える大人に似合うハンドバッグ

セリーヌ
CELINE 付録MAP/P13

美しい革製品が世界中のセレブを魅了

フランスで子ども靴専門店として創業したブランド。その後 LVMH グループに入り、世界中のセレブに愛される一流ブランドに。日本未入荷や新商品は要チェック!

カーフスキンを使用した柔らかな手ざわりのショルダーバッグ

$3950

$550

モノグラム入りコーティングキャンバスとラムスキンを使用した財布

モンクレール
MONCLER 付録MAP/P13

職人仕様の上質ダウンジャケット

1952 年にダウンジャケットメーカーとして創業。アルピニストやアラスカ遠征隊にも使用された質の高さと緻密なデザインが人気。キッズとお揃いで合わせるのも◎。

コーデの主役になるレディースダウンジャケット

$1995

$1585

上質な素材をたっぷり使用したメンズダウンジャケット

ラルフローレン
Ralph Lauren 付録MAP/P13

手が届く価格も魅力の
アメカジブランド

スポーツにもタウンユースにも使える汎用性の高いカジュアルアイテムが揃う。カラーやサイズを幅広く展開し、手頃な価格なので、家族や友人とお揃いも可能だ。

$348

$298

セットアップで揃えたいアルパカウール混のジャンパー＆スカート

イタリア製のカーフスキンのミニショルダーは快活でかつ上品な印象

$498

必見コーナー

▷ビューティーギャラリーコーナー◁

一流ブランドや人気コスメが勢揃い。なかには期間限定品や、バラマキみやげに使えるセット商品なども揃うのでチェックしよう。

頭皮をいたわるようにケアするアヴェダのスカルプケアセット

$165

$119

洋ナシやフリージアの香りが瑞々しいジョーマローンの香水

$79

シアバターを配合したロクシタンのハンドクリームセット

▷マルチブランドコーナー◁

「コーチ」や「ジミーチュー」など、定番ブランドの最旬アイテムが続々登場。お手頃価格のファッション雑貨は必見!

立体感がチャーミングなコーチのレザーハンドバッグ

$1050

$525

とびきりキュートなステラマッカートニーのファーバッグ

足元が一気に垢抜けるジミーチューのメタルパンプス

$975

\\ グアムでここだけのショップも多数！ //

デュシットプレイス

グアム一の繁華街、タモン中心部にある一大モール。一流ブランドからセレクトショップ、専門店など個性的なショップが30店以上も入る。ウインドーショッピングも楽しい。

デュシットプレイス Dusit Place
（エリア）タモン　（フロアMAP）付録P15

タモン中心部に位置する

ラグジュアリーから
カジュアルまでおまかせ！

デュシットビーチリゾートグアムに隣接するショッピングモール。サウス、セントラル、ノースの3棟がホテル・ロードに沿って連なる。ヨーロッパのハイブランドのほか、カジュアルファッションの店やコンビニ、飲食店も多数。

DATA ✕タモンシャトルでデュシットビーチ／デュシットプレイス前下車すぐ　🏠1275 Pale San Vitores Rd.　📞(671)649-1275　🕐店舗により異なる　🅿なし

2階は回廊を取り囲むようにショップが並ぶ

☑ Wi-Fi スポット
☐ ベビーカーまたはキッズカート貸出し
☑ ATM マシン　☑ 円支払い（一部）
☐ 送迎サービス

🌴 Recommend Point 🌴

☐ 2フロアで展開するグッチやコーチは島内最大規模の品揃え
☐ 館内のアクエリアム オブ グアムは、アクティビティも楽しめる
☐ 全長約 150m がインドアで連結、雨の日も安心

only one! クロエ Chloé 付録MAP/P15

自由で気品あふれるデザインに魅了

フランス発の人気ブランド。新作をいち早く入荷し、洗練されたバッグや財布などが並ぶ。ギフト用にもよろこばれる香水はグアムでも人気アイテム。

DATA 🏠ノースロビー階　📞非公開

天然素材で織られたWOODYスモールバスケット

リネンのキャンバスに飾り紐のあしらいが大人ナチュラル

エナメルブラックで洗練されたデザインのパンプス

三つ折りでコンパクトなAlphabetウォレット

only one! ジバンシィ GIVENCHY 付録MAP/P15

挑戦を続ける
世界に名高いブランド

時代を超えた画期的なスタイルを確立したセレブ御用達のブランド。「エレガンス」をコンセプトに、質の高いバックやアクセサリー、フレグランスコスメなどが揃う。

DATA 🏠ノースロビー階　📞非公開

スモールウォレットはペアで持ってもステキ

ブランドロゴが総柄で入った上品なミニバックは特別な日の装いに

エレガントな黒革×ゴールドチェーンのバッグ

\ ひと休みはココで！ /

ラブ♡クレープス
LOVE ♡ CREPES　付録MAP/P15

おしゃれなクレープ店でひと休み

赤い壁に金色の装飾がフレンチなかわいさ満点のクレープ専門店。デザート系から食事系のガレットまで揃うので、ショッピングの合間のカフェタイムやランチにもおすすめ。

DATA 住サウスプラザ階 ☎(671)646-4499 営11～21時（金曜は～22時、土曜は9～22時、日曜は9時～）休なし

一番人気のヌテラデラックスラブクレープ

 $15.99

 $16.99

スモークサーモンのガレット

$9.99
ショコラカフェリエジョワはひと休みに

バレンシアガ
BALENCIAGA　付録MAP/P15

センスが光る
クチュール界の建築士

スペインで創業し、パリに本社を置くラグジュアリーブランド。ウェア、シューズ、バッグまでトータルで揃う。ストリートとモードを兼ねそろえたデザインは若者にも人気。

DATA 住ノースロビー階 ☎(671)647-4817

トウの先にバレンシアガのロゴが入ったヴィンテージライクなスニーカー

クロコ型押しのペールピンクが最強にかわいいスモールバッグ

しなやかなクラッシュカーフスキンがアンティーク調でおしゃれ

マーク ジェイコブス
MARC JACOBS　付録MAP/P15

カジュアルで個性的な
NYブランド

ポップなカラーとカジュアルなデザインが人気のブランド。レディースファッションのほか、アクセサリーやレザー小物、シューズなどのアイテムが揃うので要チェック！

DATA 住ノースロビー階 ☎(671)647-6272

ジャガードのミニトート。ストラップで斜め掛けにもできる

ローズカラーのカメラバッグはきれいめコーデに

耳元をクールに彩るロゴ入りピアス

ヴィヴィアン・ウエストウッド
Vivienne Westwood　付録MAP/P15

ぎゅっと心をつかむ
王冠と地球のモチーフ

時代のトレンドの先駆けとなってきた個性派ブランド。イギリスの伝統を取り入れたエレガンスとアバンギャルドな感性が共存するインパクトが魅力。日本未発売の商品も並ぶ。

DATA 住ノースロビー階 ☎(671)646-5175

$300

オーブと安全ピンのモチーフが個性的なパールネックレス

淡い色合いと小ぶりなサイズ感にさりげなさセンスが光るバケットバッグ

$590
$205
メタリックなパステルブルーが主役級のかわいさのウォレット

レスポートサック
LeSportsac　付録MAP/P15

デザイン豊富な
人気のナイロンバック

日本でもファンが多いNY発のバッグブランド。軽いナイロン素材で豊富なデザインが人気。グアム限定アイテムは、自分用にも友だちへのおみやげにもおすすめ。

DATA 住ノースロビー階 ☎(671)649-5000

スヌーピーの絵柄のポーチはおみやげに

ピーナッツとのコラボバッグは抜群のかわいさ！

南国の花や熱帯魚があしらわれたグアム限定柄のバッグ

77

.˙ ファミリー向けのショップも！ ˙.

マイクロネシア・モール

広大な敷地に、100を超える専門店とデパート、映画館や遊園地まであるミクロネシア地区
最大規模のショッピングモール。とにかくフロアが広いので、見たいお店を絞って効率的に買物を。

付録
MAP
P9D3

マイクロネシア・
モール Micronesia Mall

エリア デデド フロアMAP 付録P16

規模もセレクションも
アメリカンサイズ

子どもから大人まで楽しめる娯楽施設やショップ、レストランが一堂に集まり、地元で「モール」といえばここを指すほどメジャーな存在。週末は、約750席あるフードコート（→P109）が家族連れや学生のグループで賑わう。

DATA タモンシャトルなどでマイクロネシアモール下車すぐ 1088 West Marine Corps Dr. (671)632-8882 10～20時（金・土曜は～21時） なし

- ☑ Wi-Fiスポット
- ☑ ベビーカーまたはキッズカート貸出し
- ☑ ATMマシン ☐ 円支払い
- ☐ 送迎サービス

店内は吹き抜けになっており明るい雰囲気

映画館や室内遊園地も併設

˙Recommend Point˙

- ☐ ショップ以外にエンタメ施設も充実していて家族全員で楽しめる
- ☐ 地元スーパーマーケット「ペイレス」（→P86）がリニューアル
- ☐ 多種多様な料理が楽しめるフードコートが便利

シュガークッキー
Sugar Cookie 付録MAP/P16

グアムの香りに包まれるバスタイム♪

オーガニック素材を用いたオリジナルコスメを扱う。100%ココナッツオイルはフェイス、ヘア、ボディ、ハンドなどに使えて人気。

DATA 1階 (671)633-2079

$8

ココナッツオイルを配合したバスクリスタル。レモングラスの香りですっきり

$23

肌のキメを整える、ドールフェイスのローズマスク

$24.95

メイド・イン・グアムのコラーゲンソープ

プリモ・サーフ
Primo Surf 付録MAP/P16

ストリート系が豊富に揃う

RVCA（ルカ）やビラボン、ボルコムなどのアパレルからサーフ用品全般を豊富に取り扱うローカルに人気のサーフショップ。

DATA 1階 (671)637-2053

オリジナルデザインがかわいいTシャツ

$29.95

$27.50

チャモロ語が書かれたメンズTシャツ

南国柄のビーチサンダルで気分もアップ！

$19

メイシーズ

Macy's　付録MAP/P16

デパートも要Check!

ニューヨーク発の老舗デパート

ラルフローレン、トミー・ヒルフィガーなど、アメリカンブランドを中心に品揃え。キッチンアイテムやコスメ、インテリア雑貨も必見。レディス館、メンズ館、キッズ館に分かれている。

DATA 住1・2階　📞(671)637-9416

旅行者も使える割引パス

衣類全般や、一部アクセサリーが10%割引になる30日間有効な「ビジターズパス」（除外商品もあり）。各インフォメーションカウンターで発行してもらえるので、お買物前に入手を。

レディス館は2フロアに渡って展開

シーズ+サイドウォーク

Seas+sidewalks

付録MAP/P16

個性的なリゾートアイテムが多数

オーナーこだわりの南国ライフにぴったりなアイテムが揃うお店。アパレルのほか、サングラスやジュエリー、バッグなど、ビーチファッションと相性抜群なファッション雑貨も人気!

DATA 住2階　📞(671)969-7327

$65

レトロピンクとフリルがガーリーなワンピース

$49

さらりと涼しいレディースショートパンツ

$180

夏コーデに合う手編み風ショルダーバック

$35

リゾート気分いっぱい!ナチュラルな雰囲気の麦わら帽子

アメリカン・ジュエリー

American Jewelry　付録MAP/P16

繊細なハンドメイドを旅の思い出に

ハワイアンジュエリーやジッポ、ベルトなどに細かな彫刻を施したアイテムが並ぶ。好みの画像をネックレスやキーホルダーにしてくれるサービスも。

DATA 住1階　📞(671)637-7711

シルバーネックレスもデザイン豊富

$230

2つのペンダントヘッドがついたネックレス

$49〜59

ネックレスには写真プリントと名前を刻印してもらえる

$720

フリップ・フロップ・ショップス

Flip Flop Shops　付録MAP/P16

足元を華やかに彩るサンダルをゲット

サーフ系からリゾート系まで、人気ブランドのビーチサンダルが豊富。薄くてかさばらないサンダルは◎。グアムらしい南国デザインのものを見つけたい。

DATA 住1階　📞(671)637-4337

$45

レインボーカラーがかわいいクロックスベビーサンダル

$34

スクエアトゥがおしゃれなサンダルはビーチで大活躍

$27.20

大人気のハワイアナスはクッション性もバッチリ!

大人買いしたくなるアイテムが満載!

JPスーパーストア

グアムの街なかで見かけるオレンジ色の袋がJPスーパーストアの目印。おみやげはもちろん、雑貨、コスメ、アパレルなど何でも揃う。日本未入荷のブランドやグアムでここだけというアイテムなども魅力。

付録MAP P11D3

JPスーパーストア JP Superstore

エリア タモン フロアMAP 付録P13

グアム最大級のセレクトショップ

タモンの中心部に位置するトレンド感いっぱいのショッピングセンター。コスメや南国雑貨、キッチンアイテムに加え、おもちゃやベビー用品、ディーゼル、ジル・サンダーやマルニなどの人気のファッションブランドも続々入荷。

DATA 交タモンシャトルなどでJPスーパーストア前下車すぐ 住1328 Pale San Vitores Rd.（グアム・プラザ・リゾート内）電(671)646-7887 時11～20時（金～日曜は～21時）休なし

☑ Wi-Fi スポット
☐ ベビーカーまたはキッズカート貸出し
☑ ATM マシン
(H)グアム・プラザ・リゾート内）

人気のゴディバのコーナーも充実

おみやげ選びも楽しいグアム最大級のセレクトショップ

Recommend Point

☐ おみやげから自分用まで幅広い品揃え
☐ 日本未上陸の最新ブランドがいち早くラインナップ
☐ 常設セールコーナーには掘出し物も

POINT

1 広いファッションフロア

最旬ブランドを取り揃えた、トレンド感たっぷりの服やファッション雑貨がズラリ!

$237

涼しげなフレームのサングラスもプラダでワンランクアップ

$433

真っ赤な花が目を引くケンゾーの白スウェット

$44

カラフルなケイトスペードのランチバッグで気分も◎

日本にはないラインや新作入荷の早さが最大のポイント

$436

スクエアシェイプがお洒落なティファニーのサングラス

$25

ランチバッグとお揃いで持ちたいケイトスペードのタンブラー

メタルの八角形フォルムがカッコいいGショック

$200

POINT 2 最旬コスメをいち早くGET!

優秀トレンドコスメやプチプラコスメが大集合! なりたい自分を目指しましょう♡

$18.50

$29

ココナッツオイルの
セットはバラマキみ
やげにも便利

トロピカルな香りに
癒やされるクラハー
ブスのソープセット

$18.50

ピンクプルメリア
が香るココナッ
ツボディオイル

$14

本物のドライフラワー入りの
キューティクルオイルセット

TOCCAのハンドクリー
ムは女子みやげにおす
すめ! 自分用にも◎

$30

$10

イタリア生まれマービ
スの歯磨き粉はパッ
ケージもおしゃれ

POINT 3 おみやげの ラインナップが豊富

間違いなく喜ばれるグルメみやげがいっぱい!!

贅沢な味わ
いのゴディ
バ9ピースア
ソートセット

$14

$4.25

$11

厳選した豆をグアムで
焙煎したミディアムロ
ーストコーヒー

$16

定番のドライマンゴーを
ダークチョコでカバー

ラッテストーンをかたどったクッキーは
4つの味わいをアソート

POINT 4 便利&ユニークな キッチンアイテム

アメリカらしいおもしろグッズも要チェック

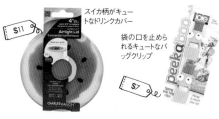

$11

スイカ柄がキュー
トなドリンクカバー

袋の口を止めら
れるキュートなバ
ッグクリップ

$7

$6

$6

きれいな目玉焼きが作れる
目玉付きエッグリング

ユニークなじゃがいもブラ
シは変わり種おみやげに

メイド・イン・グアムのコスメも！

注目のスキンケアアイテム

グアムでは近年メイド・イン・グアムのスキンケアアイテムも増加中。
美容効果のある「ノニ」を使ったコスメや、トロピカルな香りのものなど注目アイテムをチェック！

メイド・イン・グアムのコスメ

$35

各$8

KOKONEのパフュームスティック。プルメリアとハイビスカスの香り

肌がしっとりするノニオイルはボディケアに

$7

グアム産のノニを使った石鹸。美肌はアンチエイジングにも◎

各$8.95

ノニやプルメリアを使用した全身に使えるバーム

$11.20

マリカイのハイビスカスオイルは香料や保存料不使用

人気のボディケアアイテム

乾燥した肌をなめらかにととのえるバンビーノのボディオイル

$14

アロエ、ローヤルゼリー、アプリコットを配合したスキンオイル

各$12

気になる部分に貼って使うサプリ。脂肪燃焼効果と免疫力アップ

各$11

色合いも見た目もキュートなバンビーノオリジナルソープ

$8.99

ハワイのナチュラルブランドのボディ＆バスコ コナッツオイル

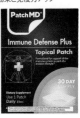
各$38

＼メイド・イン・グアムのソイワックスキャンドルにも注目／

センティッド・ウィック・キャンドル

Scented Wick Candle Co.　エリア ハガニア　付録MAP/P12B4

グアム在住アーティストが手がけるソイワックスキャンドルの店。大豆油を原料にしたソイワックスは環境にやさしいことで知られる。

キュートなキャンドルや温めて香りを楽しむワックスメルトも

DATA ✉タモン中心部から車で15分 ㊋アガニア・ショッピングセンター（→P57）内 ☎なし 🕐10〜20時 🈔なし

肌をととのえてくれるシーソルトトナー
C

$8.50

Ⓐ バンビーノ

Bambino
エリア タモン　付録MAP/P10B3

アパレルから雑貨、コスメまでオーナーのセレクトが光る品揃えで人気のセレクトショップ。お店オリジナルのスキンケアアイテムも要チェック！

DATA→ P70

noni
$11

E

Ⓑ シュガークッキー

Sugar Cookie
エリア デデド　付録MAP/P16

スキンケア＆コスメの専門店。自然素材を用いたやさしい使い心地はリピート確定。ここにしかない商品も多く、おみやげや自分用にまとめ買いが◎。

DATA→P78

ナチュラル素材で作ったリップバームセット（オレンジ＆ミント）

$14

A

Ⓒ ヌマロ・リフィレリー

Numa'lo Refillery
エリア ハガニア　付録MAP/P12A2

エコフレンドリーで肌にもやさしいナチュラルコスメを販売。量り売りのシャンプーや洗剤などは、環境意識の高いローカルにも人気。

DATA→ P59

お風呂で使えば肌がツルツルになるバンビーノのスクラブ

Ⓓ ABC ストア

ABC Store
エリア タモン　付録MAP/P15

タモンに複数店を展開する人気のコンビニ。コスメの品揃えが豊富で、プチプラなのにしっかり日用使いできるスキンケアアイテムはおみやげ用にも◎。

DATA→ P84

B

$6

Sunrise Beauty
BATH
CRYSTALS
with coconut oil
for Starfish & Mango

Ⓔ キングフィッシャーズ・ノニ

Kingfisher's NONI
エリア タモン　付録MAP/P11D4

ポリネシア地方などに自生する植物「ノニ」を取り入れたアイテムを販売。美容にも効果的なノニのソープやオイルは、グアムらしいおみやげとしても人気。

DATA ✉タモン中心部から車で5分 ㊋1056 N Marine Corps Dr. Unit 1F ☎(671)777-5697 / 987-9675 🕐16〜18時、第1土曜11〜17時 🈔火・木・土・日曜（第1土曜を除く）

日焼けした肌をととのえ爽やかな香りが癒やしてくれるバスクリスタル

幅広いジャンルの品揃えがうれしい

おみやげ探しもABCストアで

早朝から夜遅くまでオープンしているコンビニ「ABCストア」は庶民派ショッピングの強い味方。
タモンやタムニングに複数の店舗を展開し、オリジナル・グッズも充実。

付録
MAP
P15

ABCストア

ABC Store

エリア タモン

ビーチグッズの現地調達も

ビーチリゾートが集中するタモンやタムニングを中心に展開している、ハワイ生まれのコンビニチェーン。食料品やビーチグッズ、みやげまで購入できる、旅行者にとっては便利な存在。胃薬から子ども用のかぜ薬なども揃っているので、緊急時にも心強い。

DATA [デュシットプレイス店（ハードロックカフェの下）] 交タモンシャトルでデュシットビーチ／デュシットプレイス前下車
住デュシットプレイス（→P76）内、ハード・ロック・カフェの下 ☎(671)646-0911
時7時30分～23時30分 休なし

タモン中心部にあるデュシットプレイス店（ハードロックカフェの下）

菓子類はバラマキみやげにも最適

Tシャツの品揃えがスゴイ！おみやげにも◎

		SHOP LIST	
付録MAP P15	デュシットプレイス店（ホノルル・クッキー・カンパニー隣） 時8時30分～22時		休なし
付録MAP P15	デュシットプレイス店（ビーチン・シュリンプ隣） 時9時30分～21時30分		休なし
付録MAP P11D3	パシフィック・プレイス店 時7時30分～22時30分		休なし
付録MAP P10A3	イパオ店 時7時30分～23時30分		休なし
付録MAP P11C4	グランド・プラザ店 時8時～22時30分		休なし
付録MAP P16	マイクロネシア・モール店 時10～20時（金・土曜は～21時）		休なし
付録MAP P14	グアム・プレミア・アウトレット店 時10時～21時30分		休なし

雑貨

\$9.99
グアムらしい絵柄と落ち着いた色合いのマグカップ

\$5.99
グアム島を模ったマグネットはバラマキみやげ用にまとめ買いを

  各\$6.99

  各\$6.99

キャラクターバンドエイドも各種あり、キッズに大人気

各\$6.99
伝統的な柄が彫られた竹細工のコースターもおみやげに人気がある

\$16.99

料理が楽しくなりそうな、竹製まな板はパイナップルの形がキュート

  各\$7.99
\$100札デザインのトランプは現地でも使えそう。ウケ狙いのおみやげにも

 \$5.49
ロブスターのマグネット。キッチンが楽しくなりそう

$17.99

ABC ストア限定アイテムも Check！

スパムむすびになったキャラクターがキュートなぬいぐるみ

$24.99

ウクレレを持って日焼けした南国らしいキティちゃん

使いやすいボタニカル柄のポーチもABC限定商品

$12.99

ココでしか手に入らない！ドラえもんコラボエコバッグ

$13.99

コスメ

各$3.99

各$6.59

TASIローションもメイド・イン・グアム。ハイビスカスとココナッツの香り

グアム産のノニとココナッツを使用した肌に優しい石鹸

$5.99

メイド・イン・グアムのバスソルトは香り違いでおみやげに

各$6.99

ココナッツやヘチマの天然成分たっぷりのソープは3種類アリ

ファッション

$8.99

ビーチサンダルは現地調達グッズの人気No.1。パームツリーが南国ムードを盛り上げる

各$5.99～

真っ白なグアムのビーチで注目を浴びそうなハイビスカスのヘアクリップ

$15.99

ベビーピンクとバックプリントがキュートなTシャツ

フード

各$6.99

マンゴーとハイビスカスのフレーバーティーは女子みやげにおすすめ

各$2.29

口の中に入れるとパチパチはじけるポッピングキャンディ

$3.49

みんな大好きなハリボーが南国らしいスイカフレーバーに！

$5.99

ふわふわに焼き上がるパンケーキミックスはトロピカルなバナナ味

バラマキみやげも勢揃い

スーパーでまとめ買い

体育館のような広大な店内と巨大なショッピングカートが新鮮。日用雑貨から食料品、雑貨など、品揃えは申し分なし。Tシャツ10枚セットなどのパッケージ商品もおすすめです。

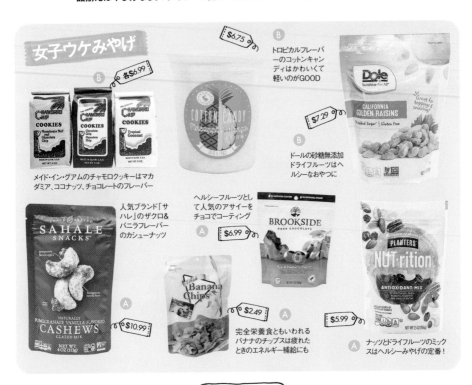

女子ウケみやげ

B 各$6.99

メイド・イン・グアムのチャモロクッキーはマカダミア、ココナッツ、チョコレートのフレーバー

B $6.75

トロピカルフレーバーのコットンキャンディはかわいくて軽いのがGOOD

B $7.29

ドールの砂糖無添加ドライフルーツはヘルシーなおやつに

人気ブランド「サハレ」のザクロ&バニラフレーバーのカシューナッツ

A $10.99

ヘルシーフルーツとして人気のアサイーをチョコでコーティング

A $6.99

A $2.49

完全栄養食ともいわれるバナナのチップスは疲れたときのエネルギー補給にも

A $5.99

ナッツとドライフルーツのミックスはヘルシーみやげの定番！

ココで買えます

みやげ品や
食料品満載の大型店

A Kマート

K mart

エリア タモン　付録MAP/P10A4

アメリカらしい大型スーパーで、巨大な倉庫のような店内には衣料品、家電、ホーム用品、雑貨など何でも揃う。格安で提供しているので、多くのローカルが利用している。

DATA 🚌 タモンシャトルでKマート下車すぐ 🏠 404 N. Marine Corps Dr. 📞 (671) 649-9878 🕐 24時間 🏖 なし

三角形の赤い屋根が目印。駐車場も広大

チェーン展開する
ローカルスーパー

B ペイレス・スーパーマーケット

Pay-Less Supermarket

エリア デデド　付録MAP/P16

地元密着型のローカルスーパーで、グアムらしい食料品や日用品が並ぶ。アメリカ本土から直輸入する商品が多いため、アメリカンブランドのスナックやフード類が手に入る。

DATA 🚌 タモンシャトルでマイクロネシアモール下車すぐ 🏠 マイクロネシア・モール（→P78）内1階 📞 (671) 637-7233 🕐 24時間 🏖 なし

マイクロネシア・モールの入口脇にある店舗

＼ほかにもあります／

付録 MAP P8A3

カリフォルニア・マート
California Mart
エリア タムニング

CALIFORNIA MART

生鮮食品や惣菜類の充実ぶりは◎

ローカルの料理好き主婦御用達の店として有名

グアム プレミア アウトレットの向かいにあるスーパーマーケット。日本や韓国系のロコ向け商品を取り揃えており、店内には惣菜コーナーやベーカリーコーナーもある。

DATA 🚍タモンシャトルでグアムプレミアアウトレット下車、徒歩5分　🏠199 Chalan San Antonio Rd.　📞(671)649-0521　🕐6〜20時　🈳なし

付録 MAP P8A3

東京マート
Tokyo Mart
エリア タムニング

TOKYO MART

日本の食材や弁当も充実

日本食ならこちらへ。グアム在住の日本人の姿が多い

30種類以上ある弁当や食品、アルコール、日用品、コスメなど日本の商品がずらり。グアム在住の日本人も多く訪れる。お弁当はほぼ$10以下なので、ランチ利用にも。

DATA 🚍タモンシャトルでグアムプレミアアウトレット下車、徒歩5分　🏠267 Chalan San Antonio Rd.　📞(671)646-6615　🕐10〜20時　🈳日曜

調味料＆食材

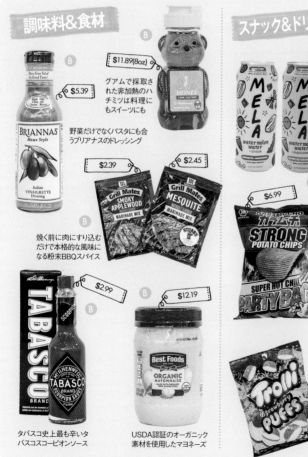

B $11.89(8oz)
グアムで採取された非加熱のハチミツは料理にもスイーツにも

B $5.39
野菜だけでなくパスタにも合うブリアナスのドレッシング

$2.39　$2.45
B 焼く前に肉にすり込むだけで本格的な風味になる粉末BBQスパイス

B $2.99
タバスコ史上最も辛いタバスコスコーピオンソース

B $12.19
USDA認証のオーガニック素材を使用したマヨネーズ

スナック＆ドリンク

各$2.99
MELAウォーターメロンウォーター。ジンジャーとパッションフルーツのフレーバー

A 各$13.99(6本パック)
グアムの地ビールはホテルの部屋飲みに。ジンジャーやバナナなどのフレーバーも

$6.99
A グアム限定のカラムーチョストロングは激辛バージョン

B $15.99
B マシュマロとチョコにクッキーを合わせたスモアクッキー

$2.99
A 豊富なフルーツフレーバーが人気のグミはバラマキみやげに

Made in Guam プロダクツ

グアムで作られたアイテムなら、おみやげとして評価されること間違いなし！
「グアム・プロダクト・シール」が添付された商品なら、品質もお墨付き。

メイド・イン・グアムの証し グアム・プロダクト・シールとは？

グアム政府が認定したグアム産の商品に付けられるマークのこと。食品を中心にさまざまなアイテムが登録されている。おみやげ探しの目印にしよう。

$5.25

大粒のマカダミアナッツが入った定番人気のチョコレート

$5.25

$6.99

グアムの万能調味料、フィナデニソース。醤油ベースなので日本人の口にも合う

ゴマ入りのビスケットをダークチョコとホワイトチョコでカバー

各$4.99

グアム近海の海水で作られた塩。ハイビスカスとガーリックのフレーバー

肌がしっとりするハンド＆ボディバター。プルメリアとアイランドブリーズの香り

各$12

100％ココナッツオイル（白）とハイビスカス＆シアバター（ピンク）のハンドメイドソープ

各$4.99

$29

$7

古代から薬として使われるダオクの木の実から抽出したオイル。皮膚トラブルに効果があるといわれる

プルメリアの香りに癒やされる100％天然バージンココナッツオイル

🌴 **メイド・イン・グアムを 探すならここをチェック！** 🌴

Ⓐ JPスーパーストア（→P80）

Ⓑ ABCストア（→P84）

Ⓒ シュガークッキー（→P78）

Lala Citta Guam

Theme4

グルメ

Gourmet

アメリカンなバーガーやパンケーキ、

ビーチ沿いのレストランが人気。

伝統を守るチャモロ料理も見逃せない！

楽園グアムの1日のはじまりはココから
気分があがる朝ごはん

元気な一日を過ごすのに欠かせない朝ごはん。せっかくのグアムだから、チャモロ風の朝食やロコモコ、フレンチトースト、エッグベネディクトなど、贅沢な朝ごはんを楽しんで!

ピカズ・カフェ
付録 MAP P11C4
Pika's Cafe
エリア タモン

チャモロ風ブレックファストが人気

カリフォルニア料理を取り入れた創作チャモロ料理のレストラン。朝からランチまでの営業で、地元食材をふんだんに使用したメニューが味わえる。MV グアム・バーガー・フェスト受賞のティナタックバーガーもおすすめ。

DATA タモン中部から車で5分 888 North Marine Corps Dr. (671)647-7452 7時30分〜15時 なし

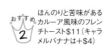
おすすめ 1 チャモロソーセージ ベネディクト レットポテト付き$16。ピリ辛のチャモロソーセージを半熟卵に絡めてマイルドな味わいに

おすすめ 2 ほんのりと苦味があるカルーア風味のフレンチトースト$11（キャラメルバナナは+$4）

店内にはローカルアーティストの作品が飾られている

おすすめ 1
スモークサーモン・ベネディクト$19.99。スモークサーモンと半熟卵にクリーミーなオランデーズソースが絶品！

朝食メニューはハガニア店のみのお楽しみ

カリフォルニア・ピザキッチン（ハガニア店）
付録 MAP P12B2
California Pizza Kitchen
エリア ハガニア

土日限定！ハガニア店のみの朝ごはん

アメリカ本土で250店舗以上展開する、LA発のピザチェーン。手ごねの窯焼きピザはもちもちでボリューム満点。サラダやパスタなど、ピザ以外のメニューも充実。ハガニア店では週末限定で朝食メニューが楽しめる。

DATA タモン中心部から車で15分 178 West Soledad Ave. (671)477-4888 11〜21時（土・日曜は7〜21時、朝食メニューは〜10時30分） なし

サニーサイドアップ・ベーコン+ポテトピザ$16.99は朝食限定のピザ

リトルピカズ
Little Pika's

エリア タモン

創作チャモロ料理レストランの姉妹店

タモン中心部にあるピカズカフェの姉妹店。朝から夜までの営業で、15時まで朝食メニューがオーダーできる。ホテルロードから近くて便利。チャモロ風ブレックファストをはじめ、自慢のロコモコもぜひ味わって。

DATA ⊗ タモンシャトルでＴギャラリア by DFS下車すぐ 〒1300 Pale San Vitores Rd. ☎(671)647-7522 ⏰7時30分〜21時(朝食は〜15時) 休なし

おすすめ
1
マッシュルーム、タマネギ入りの特製ソースがたっぷりかかったロコモコ$17。ライスまたはトーストが選べる

おすすめ
2
カルーアフレンチトースト$15。キャラメリゼしたバナナがオン。シロップはオリジナルまたはココナッツから選べる

シャーリーズ・コーヒーショップ
Shirley's Coffee Shop

エリア タムニング

ローカルが通うファミリーレストラン

1983年創業のファミリーレストラン。素朴なグアムの味を、リーズナブルな価格で楽しめる。目玉焼きやチャモロソーセージ、オムレツなどをワンプレートにした朝食メニューは終日オーダーできる。

DATA → P106

おすすめ
1
スパム、ポルチギー＆チャモロソーセージと卵料理2個$16.75。ソーセージを食べ比べでき、サイドメニューにパンケーキやトーストを選べる。写真のフライドライスは＋$3

おすすめ
2
シャーリーズのスペシャルオムレツ$14.95。タマネギやエビが入って食べごたえたっぷり。フライドライスは＋$3

おすすめ
1
スモークドベーコン＆エッグ(ラップサンド)$8.95。ベーグルなどに変更可。写真のスペシャリティフラッペラテ(グランデ)は$6

コーヒー・ビーナリー
Coffee Beanery

エリア タモン

ラップサンドやベーグルで朝食を

全米で100店舗以上展開するコーヒーチェーン。ファウンテンプラザ店では、サンドイッチ、ラップサンド、ベーグルから選べる朝食メニューを提供している。オリジナルブレントのコーヒーやフラッペと一緒にどうぞ。

DATA ⊗ タモンシャトルでホリデーリゾート向かい下車、徒歩5分 〒720 Pale San Vitores Rd.(ファウンテンプラザ内) ☎(671)647-5761 ⏰7時30分〜16時 休日曜

おすすめ
2
スモークドプレミアハム＆エッグ(ベーグル)$6。プレーン、ブルーベリー、セサミなど4種類のベーグルから選べる

朝食にもおやつにも!
やっぱり食べたいパンケーキ

日本でも大人気のパンケーキは、グアムでも朝食やおやつに人気。
ここにしかないフレーバーのパンケーキや、ローカルが愛する人気店をラインナップ。

ホノルル・コーヒー・カンパニー
HONOLULU COFFEE COMPANY

付録 MAP P11C3

エリア タモン

コーヒー店の限定パンケーキは必食

熟練のローストマスターが焙煎したコナコーヒーなど、薫り高いコーヒーが楽しめるハワイ発のコーヒーチェーン。タモン・サンズ・プラザ店限定で各種パンケーキを提供している。アサイーボウルも人気。

DATA 🚍タモンシャトルでタモンサンズプラザ向かい下車すぐ 🏠1082 Pake San Vitores Rd.（タモン・サンズ・プラザ内）📞(671)647-7888 🕐10時30分〜17時 🈳なし

レインボーフルーツ パンケーキ$15.50はパンケーキ2枚に5種のフルーツとホイップクリームがたっぷり

おすすめ 1

1階のロビーに位置するカフェ

おすすめ 2 バニラアイスとエスプレッソ入りのコーヒークリームがのったコナクリームパンケーキ$14.95

ザ・クラックド・エッグ
The Kracked Egg

付録 MAP P11C3

エリア タモン

卵料理をメインにした朝ごはんカフェ

店名のとおり、卵を使ったメニューにハムや野菜、パンケーキなどを好みでチョイスできる。早朝から営業している朝食メインのレストランで、ローカルにも観光客にも人気のお店。

DATA 🚍タモンシャトルでタモンサンズプラザ向かい下車すぐ 🏠Pale San Vitores Rd.（タモン・ベイ・センター1階）📞(671)648-0881 🕐7〜14時 🈳なし

おすすめ 1 赤いレッドベルベッドパンケーキはアメリカでは定番。クリームチーズ・ホイップをトッピング$11.95

おすすめ 2 バターミルクパンケーキ5枚にアサイーがのったアサイー・ホットケーキ$11.95

タモン・サンズ・プラザ前のショッピングアーケードにある人気店

エッグスン・シングス・グアム
Eggs'n Things Guam

[エリア] タモン

ホイップクリームたっぷりが定番

ハワイに本店があり、行列ができるパンケーキ店として有名なカジュアルダイニング。ホイップクリームは甘さ控えめで、イチゴとのバランスが絶妙。グアム限定メニューやグッズも販売しているので要チェック。

DATA 🚌 タモンシャトルでウェスティン前（リーフホテル）下車すぐ 🏨 グアムリーフホテル（→ P123）内 📞(671)648-3447 🕐7〜14時 休なし

おすすめ 1
5枚のパンケーキにイチゴと山のようなホイップクリームがのった、名物メニューのストロベリーパンケーキ$17.25

おすすめ 2
3枚のパンケーキとパイナップルの相性が抜群なハワイアン・ホイップクリームパンケーキ・サンプラー$13.50

アイホップ
IHOP

[エリア] タモン

4枚重ねのボリューム満点パンケーキ

カリフォルニア発のレストラン。ベリーやアプリコットなど、テーブルにセットされた4種類のソースで味わえる。一部のパンケーキは2枚のハーフサイズでオーダーすることもできる。

DATA 🚌 タモンシャトルでデュシットビーチ／デュシットプレイス前下車すぐ 🏨 デュシットプレイス（→ P76）内 📞(671)989-8222 🕐9〜21時 休なし

おすすめ 2
ブルーベリーを入れて焼き上げたパンケーキの上にブルーベリーのコンポートをのせたダブルベリー$14.99

おすすめ 1
ストロベリーバナナ$15.49。ほんのり甘いパンケーキとーキと甘酸っぱいストロベリーソースが◎

おすすめ 1
フラッフィーパンケーキ（タロ）$16.49。タロイモを混ぜ込んだ紫色のパンケーキにかかるソースもタロイモ

トゥレ・カフェ
tuRe' café

[エリア] ハガニア

アガニア湾を望むシーサイドカフェ

3種類のソースから選べるパンケーキが人気のカフェ。スモークサーモンベネディクト$15.99やフレンチトースト$13.99などの朝食メニューも充実。テラス席でアガニア湾を眺めながら味わう朝食は格別。

DATA 🚗 タモン中心部から車で15分 🏠 349 Marine Corp Dr. 📞(671) 479-8873 🕐7〜15時 休なし

おすすめ 2
フラッフィーパンケーキ（ブルーベリー）$16.49。バターの風味豊かな生地が美味。ソースとの相性もバッチリ♡

バーガーファンも認めた！
グルメハンバーガー食べ比べ

アメリカングルメといえばハンバーガー。ボリューム満点なだけでなく、味も太鼓判の店が増えている。
王道バーガーから、ユニークな組み合わせのもの、自分でカスタマイズできるものまで食べ比べしてみよう。

A スモークハウス・バーガー $16.45
オニオンリングやチェダーチーズの濃厚な味わいとスモークされたベーコンがマッチ

> ぶ厚いビーフパテは198g。好みの焼き加減をリクエストできる

> スパイスを混ぜ込んだパテをチーズが包んでまろやか

B ジャーク・バーガー $14.95
レタス、トマト、オニオンの定番野菜にチーズとパテの2枚のせ

A アボカド・ターキー・バーガー $16.50
ターキーパテ、アボカド、スイスチーズなど日本ではあまり見ない組合せ

> プレッツェルロールパンとターキーであっさりした味。小振りで食べやすい

C ビルドユア ロッキンバーガー $10.25〜
自分好みにカスタマイズできる。写真はビーフパテ、チーズ、ハラペーニョ、卵、ベーコンの組み合わせで$17.25

> 自分だけのお気に入りの組み合わせを見つけたい

A ルビー・チューズデイ
Ruby Tuesday
エリア タムニング　付録MAP/P8A4/P14

ちょっとお洒落なアメリカンダイニング
スタイリッシュな雰囲気とサービスのよさが自慢。味付けも高評価で、ローカルの間ではハンバーガーならここという人も多い。ハンバーガー専門店ではないが、種類は豊富。
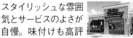
DATA 🚌タモンシャトルなどでグアムプレミアアウトレット下車すぐ 🏠グアム・プレミア・アウトレット（→P72）駐車場内 ☎(671)647-7829 🕐11〜22時 🈺なし

B ジャマイカン・グリル
Jamaican Grill
エリア タモン　付録MAP/P10A3

カリブの香り漂うジャマイカ料理の店
日本ではなじみの少ないジャマイカ料理を味わえる。豆やスパイスをアクセントに、新鮮な野菜を合わせている。3種類のハンバーガーはどれもスパイシーでボリューミー。
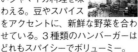
DATA 🚌タモンシャトルでパシフィックアイランドクラブ向かい下車すぐ 🏠288 Pale San Vitores Rd. ☎(671)647-3000/4000 🕐10〜21時 🈺なし

C フィズ&コー
Fizz & Co
エリア ハガニア　付録MAP/P12B4

ハガニアに行ったら立ち寄りたい人気店
ポップでカラフルな店内で、写真映えするキュートなドリンクが大人気のお店。オリジナルソースのホットドッグと、アンガス牛やターキーを選んでトッピングを追加できるハンバーガーが評判。

DATA → P112

グルメハンバーガー

F ブルーチーズ・バーガー $12.95

ホウレンソウとマッシュルーム入りパテにレタス、トマト、ピクルス、オニオンがのる

ブルーチーズのソースがクリーミー。野菜たっぷりで食感も楽しめる

E ウルティメイト・ジャック・ダニエル・バーガー $21.95

改良に改良を重ねた人気商品。ソースにウイスキーのジャック・ダニエルが使われている

ちょっと大人の味わいのバーガーを体験してみて

特製のピリ辛タルタルソースはくせになる味。シュリンプカツはそのままでもおいしい

D "ウハング"・シュリンプ・バーガー $12.50

自家製シュリンプパテをフライにし、タルタルソースをつけてめしあがれ

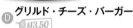

パテにのったアイオリソースが絶品。香りと酸味が食欲をそそる

D グリルド・チーズ・バーガー $13.50

バンズは写真のグリルチーズかフレンチトーストか選べる。ポテトはケイジャンソルト味

F ラム・バーガー $15.50

フライしたペパロニがパテにのる。パテはジューシーなラム肉でふんわりバンズに合う

ラムは臭みがなく、ソースやほかの具材と一緒に食べると旨みが増す

ビーフ＆クラブケーキの贅沢な味わいを堪能して

F サーフン＆ターフバーガー $18.95

名物のブルーチーズバーガーのパテの上に、クラブケーキ（カニ肉のハンバーグ）がのっている

D メスクラ・ドス
Meskla Dos
エリア タモン 付録MAP/P10A4

地元食材を使ったユニークメニュー

メスクラ・チャモロ・フュージョン・ビストロ（→ P99）の姉妹店。チャモロ料理をアレンジしたバーガーは、ここでしか食べられない人気メニュー。

DATA ⊠ タモンシャトルでKマート下車、徒歩2分 🏠413 A&B N. Marine Corps Dr. 📞(671)646-6295 🕐11～21時 休なし

E T.G.I. フライデーズ
T.G.I. Friday's
エリア タモン 付録MAP/P13

迫力満点のアメリカ料理豪快なバーガーは必食

世界60カ国に展開するアメリカ料理店。バーガーはもちろん、バーベキューリブやステーキなど、どれもボリューム満点。名物のオニオンリングス$8.95にもトライ！

DATA ⊠ タモンシャトルでJPスーパーストア前下車すぐ（JPスーパーストア→ P80）内 📞(671)647-8443 🕐10時～21時30分（金・土曜は～22時30分）休なし

F モサズ・ジョイント
Mosa's Joint
エリア ハガニア 付録MAP/P12A2

ギャラリー風店内で人気のバーガーを

元は人気の移動式ワゴンショップだったレストラン。壁にはグアムのアーティストの作品が並び、オシャレな雰囲気。バーガー・フェストに入賞したメニューも揃う。

DATA ⊠ タモン中心部から車で15分 🏠101 Quan Buliding 324 West Soledad Ave.Hagatna 📞(671)969-2469 🕐11～21時（金・土曜は～22時）休日曜

海を感じながら食事を満喫!

景色も料理も◎ 海辺のレストラン

グアムでも屈指のシービューダイニングをセレクト。窓から見る絶景とともに味わう料理は格別。
料理にも自信ありの名店で、海を近くに感じながら優雅なひとときを過ごしてみたい。

Cheers!

Nice View

開放感いっぱいのロケーションで乾杯!

アメリカン

付録
MAP
P11D1

ザ・ビーチ レストラン＆バー

The Beach Restaurant & Bar

エリア タモン

Best Time
17〜20時

リゾート気分が上がる
トロピカルな絶景×絶品グルメ

美しいガン・ビーチを目の前に、パノラマビューを堪能しながら食事ができる人気レストラン。ハンバーガーやBBQフィエスタプレートのほか、アルコールのおつまみも揃っている。

DATA ⬛タモンシャトルでザ・ビーチ下車すぐ（16時以降の運行）⬛Gun Beach, Rd.⬛(671)788-3668／646-8000 ⬛16〜22時（木・金曜は〜翌1時、土曜は12時〜翌1時、日曜は12時〜）⬛なし

スシバーガー（手前）$23、ナチョプラッター（奥左）$17、ブルーハワイ（中央奥）とマルガリータ・ベリー（奥右）各$13

Steak!

美しいサンセットで知られるガン・ビーチ。夕日を見に多くの人が訪れる

お店おすすめのアンガスビーフのリブアイステーキ$45

ガン・ビーチにあるオン・ザ・ビーチのレストラン

インフィニティバー
Infinity Bar

プールサイドバー

エリア タモン

空と海を目の前に優雅なひとときを

クラウンプラザリゾートグアム内のプールサイドバー。青い空と海、壮大なサンセットとともに、オリジナルカクテルやシャンパンなどが楽しめる。フードメニューもあり、ウォークインでも先着順に利用可能。

DATA ⊠ タモンシャトルでホリデーリゾート前下車すぐ
🏢 🅗 クラウンプラザリゾートグアム（→ P124）内
📞 (671) 646-5880
🕐 11:00 ～深夜まで 🈚 なし

BestTime
11 ～ 14時
18 ～ 20時

バーガーなど軽食メニューもハイクオリティ

贅沢なロケーションで味わうトロピカルカクテル

BestTime
11 ～ 14時
18 ～ 20時

タシグリル
Tasi Grill

エリア タモン

シーフード

開放感あふれる絶景ロケーション

目の前にタモンビーチが広がるオープンエアのレストラン。シーフードをはじめ、多国籍風創作料理とオリジナルカクテルが自慢。大人のダイニングバーといったラグジュアリーな雰囲気を堪能して。

DATA ⊠ タモンシャトルでデュシットビーチ／デュシットプレイス前下車すぐ
🏢 🅗 デュシタニ グアム リゾート（→ P120）内 📞 (671) 648-8000 🕐 11 ～ 21時
（ディナーは要予約） 🈚 なし

アトランティックサーモン$32(手前)はココナッツライスと。アヒツナポケ$18(奥)も人気

海風が心地いいテラス席は早めの予約を

アクア
Aqua

ビュッフェ

BestTime
17 ～ 20時

エリア タモン

眼下に広がるオーシャンビューが贅沢

ローカル料理や各国のメニューが揃う人気ビュッフェ。すしやヌードル、グリルステーション、スイーツコーナーも充実している。タモン湾にせり出していて、大きな窓から絶景を眺めながら楽しむ食事は格別。

DATA ⊠ タモンシャトルでデュシットビーチ／デュシットプレイス前下車すぐ 🏢 🅗 デュシタニ グアム リゾート(→ P120)内
📞 (671) 648-8000 🕐 6時30分～ 10時、17 ～ 21時、サンデーブランチ11 ～ 14時 🈚 なし

世界各国の料理がずらりと並ぶ。ディナービュッフェは$55

刻々と色を変えるロマンティックなサンセット

ソウルフード新旧対決!

チャモロ料理をめしあがれ

先住民チャモロ人の伝統料理が「チャモロ料理」。昔ながらの家庭料理の店だけでなく、
チャモロ料理を現代風にアレンジした料理を提供する店も増えているので、ぜひ食べ比べてみよう。

昔ながらの素朴な味 伝統系チャモロ料理

付録 MAP P6D1

ダ・ローカル・グラインド・ハウス
Da Local Grind House

エリア グアム中部

ローカルに人気のチャモロ家庭料理

オープン当初、ローカルの間で瞬く間に評判になったチャモロ料理店。ココナッツソースや素材をいかした伝統料理は、日本人の口にもよく合う。グアムならではのチャモロの家庭料理をぜひ味わいたい。

DATA 🚗 タモン中心部から車で約15分 📍288 Purple Heart Memorial Highway 📞(671)969-3688 🕐11時〜20時30分 🛌日曜

カジュアルで気取らない食堂風の店内

$14

ロコモコ
ガーリックライスにビーフステーキをのせるのがチャモロ流

シュリンプ・ケラグエン
$7.95

刻んだ食材にレモン汁、唐辛子などで味付けした前菜。トウモロコシ粉で作るティティーザスにのせて食べる

カドゥンピカ・チキン
骨付きチキンを酢や醤油、唐辛子を使い柔らかく煮込んだスープ。ココナッツミルクで仕上げている

$12.50

$18.65

フライド・パロットフィッシュ
魚の丸揚げに野菜たっぷりのココナッツソースがかかってマイルド

$13.45

ピカランチ・ビーフフライズ
フライドポテトにグリルビーフとピリ辛ソースをトッピング

＼グアムの伝統料理「チャモロ料理」とは?／

シーフードやココナッツなどを用いた料理をベースに、スペイン、アメリカ、日本、その他の東南アジアの影響を受けて生まれたグアムの伝統料理。甘味、辛味、酸味のどれかが際立っているのが特徴。

知っておきたい調味料

アチョーテ
砕いた赤い種子をレッドライスの色づけなどに使用する

フィナデニソース
醤油やレモン汁、唐辛子を使用したソース。ポン酢に近い味わい

現代的にアレンジ！ 進化系チャモロ料理

付録
MAP
P12B2

メスクラ・チャモロ・フュージョン・ビストロ
Meskla Chamoru Fusion Bistro

エリア ハガニア

伝統と革新が作り上げる美しいチャモロ料理

伝統的なチャモロ料理をモダンに仕上げ、プレート上に美しく演出した料理が人気。世界各国を旅したオーナーならではの独創的な感性が光る。数々の賞を受賞したバーベキューは必食。前菜からメインまで揃うシーフードメニューもぜひオーダーしたい。

DATA ✈ チャモロ・ビレッジ（→P58）から徒歩5分 🏠130 E Marine Corps Dr., Ste103 ☎(671)479-2652/2653 🕐11～14時（日曜は10～12時、12時30分～14時30分の2部制）、17時30分～21時 🈳日曜夜

BBQショートリブ＆BBQチキンのプレート$29.95（手前）はボリュームたっぷり。左奥はオックステイルの煮込み$21.95

BBQや伝統料理ケラグエンなどが盛られたメスクラフィエスタプラッター$32.95

ロブスターや海老が入った贅沢な春巻き、シーフードルンピア$14.95

ハガニアの中心部にある

付録
MAP
P8B3

プロア
Proa

エリア タモン

チャモロ・フュージョン料理の草分け

ミクロネシアの伝統食材を使用した創作料理が並ぶ。デザート専門の姉妹店やハガニアの2号店もあり。予約が取れたらラッキーという人気店。

DATA ✈ タモンシャトルでイパオパーク／GVB前下車すぐ イパオビーチ公園入口 ☎(671)646-7762 🕐11～14時、17～21時 🈳なし

ランチ時でも行列。ディナーは予約必須

バナナフリッター$7.95

ポキ（漬けマグロ）をクレープに包んだプロアスタイル・ベガーズ・パース$15.95

メインコース・シーフード$18.95、ブルスケッタ$8.95（右）。盛り付けが繊細

付録
MAP
P12B2

カトレ・ビストロ
Katre Bistro

エリア ハガニア

フィリピン人シェフの創作メニュー

アメリカで修業を積んだオーナーシェフのロックス氏が、国を超えた発想のメニューを提供。地中海料理をベースにチャモロの味を取り入れている。

ランチタイムのみ営業の月・火曜が狙い目です

（スタッフ一同）

DATA ✈ タモン中心部から車で15分 🏠122 Archbishop FC Flores St. ☎(671)989-8808 🕐11～14時、17時30分～20時30分 🈳土曜のランチ、月・火曜のディナー、日曜

チャモロ・ビレッジに近いので、ハガニア観光のついでに立ち寄って

ビッグサイズに圧倒される!

"アメリカ〜ン"なステーキ

アメリカンサイズの大きなステーキは、滞在中に一度は食べたいメニュー。
各店さまざまなスタイルで提供しているので、家族や仲間でシェアするのもいい。

アメリカンスタイル

付録
MAP
P10A3

トニー・ローマ
Tony Roma's

エリア タモン

\ ここがイチオシ! /
じっくりと焼かれたバックリブの骨まわりの肉は格別の旨さ

アメリカを代表する
バーベキューリブの名店

アメリカンスタイルの食事が楽しめるカジュアルレストラン。特製の甘辛ソースを絡めて食べるリブステーキが看板メニュー。週末は地元の人で満席になるので、予約がおすすめ。

オリジナルベイビーバッグリブ
(フルサイズ) $35
ソースを塗りながら炭火でじっくりと焼きあげたこの店の看板メニュー

DATA ⊠ タモンシャトルでパシフィックアイランドクラブ向かい下車すぐ 住ロイヤル・オーキッド・グアム (→ P125) 1階 ☎(671)646-0017 営11〜20時(金・土曜は〜21時) 休なし

アンガスビーフを使ったニューヨークステーキ340g$37も人気。

世界中に支店をもつ人気店

リブアイ ステーキ
14オンス(約400g) $41.99
口のなかでうま味があふれだす人気のリブアイは迫力のボリューム感!

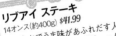

メイン通りに面したテラス席も人気

アメリカンスタイル

付録
MAP
P15

イート・ストリート・グリル
Eat Street Grill

エリア タモン

多彩でジューシーな肉料理が絶品

デュシットプレイス内にある人気レストラン。ハンバーガーやロコモコも人気だが、ぜひ食べたいのがバーベキューやステーキ。厳選された肉を絶妙な火加減で調理し、どれも柔らかくて美味。夜はテラス席でグアムのクラフトビールを。

DATA ⊠ タモンシャトルでデュシットビーチ/デュシットプレイス前下車すぐ 住デュシットプレイス (→ P76) 内 ☎(671)989-7327 営11〜23時 休なし

\ ここがイチオシ! /
ハーフサイズでも注文できるステーキや、ケバブやココナッツシュリンプ付きのセットもある

〜これもボリューミー!

フォークで簡単にほぐれるほど柔らかいベイビーバックリブ (ハーフ) $22.99

アメリカンスタイル

付録
MAP
P11D3

ルーツ ヒルズ グリルハウス
Rootz Hill's Grill House

エリア タモン

上質な肉を揃える人気ステーキハウス

オープンキッチンでは、素材の味を引き出すように焼き上げるシェフのパフォーマンスを見ることができる。特に特上のアンガスビーフやリブアイステーキは凝縮した味わいが絶妙な美味しさ!

DATA ❌ タモンシャトルなどで JP スーパーストア前下車すぐ 🏠 H グアム・プラザ・リゾート(→ P125)内 📞(671)649-7760 🕐 朝食ビュッフェ6時30分〜9時30分、ランチ11〜14時(月〜水曜はアラカルト、木〜日曜はビュッフェ)、ディナー18〜21時30分 休 なし

柔らかな色調のインテリアで落ち着いて食事が楽しめる

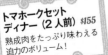

トマホークセット
ディナー(2人前)$155
熟成肉をたっぷり味わえる迫力のボリューム!

ここがイチオシ!
これぞアメリカな豪快なボリューム!熟成肉のうま味がたっぷり!

オージースタイル

付録
MAP
P11D3

アウトバック・ステーキハウス
Outback Steakhouse

エリア タモン

アメリカ発の人気ステーキチェーン

フロリダで誕生したステーキハウス店だが、オーストラリアをテーマにしたインテリアでオージービーフを味わえる。オリジナルシーズニングが肉の旨みを引き立て、味わい豊かに。

DATA ❌ タモンシャトルでウエスティン向かいパシフィックプレイス下車すぐ 🏠 H パシフィック・プレイス(→ P53)内 📞(671)646-1543 🕐 11〜21時(金・土曜は〜22時)休 なし

ここがイチオシ!
肉厚なテンダーサーロインはとてもジューシー。塩だけでも◎

サーロイン&ロブスター
コンボ $55.95
サーロインステーキ6オンス(168g)とロブスター2尾がセットに

これも人気!
ビッグサイズのオニオンを丸ごとフライにした名物ブルーミングオニオン$10.95。ピリ辛のマヨソースが美味

ニューヨークストリップ
16オンス(450g)$52
脂身がサーロインより少なめの腰の下部の部位で、噛みごたえがある肉質

天井の高さまである大きな窓からはタモン湾を一望

アメリカンスタイル

付録
MAP
P11C3

アルフレードズ ステーキハウス
Alfredo's Steak House

エリア タモン

絶景とともに楽しむアメリカステーキ

エレガントな雰囲気を纏った、居心地のいいファインダイニング。プライム・ステーキ、和牛、新鮮なロブスター、耽美的なデザート、通好みのワインリストなど多彩なメニューがあり、フルコースで堪能したい。

ここがイチオシ!

厳選された肉質のステーキをタモン湾の夕景とともに味わえば、まさに至福のひととき

DATA ❌ タモンシャトルでデュシットビーチ/デュシットプレイス前下車すぐ 🏠 H デュシタニ グアム リゾート(→ P120)内 📞(671)648-8000 🕐 17〜21時 休 なし

店内のインテリアにもこだわりを感じる

\ 鮮度バツグンの海の幸 /

素材に自信あり！南国シーフード

リゾートアイランドならではの新鮮な海の幸も忘れずに。贅沢なロブスターやシュリンプなどをさまざまな料理法で味わえる。素材のよさを生かしている名店をご紹介。

\ ロブスターをBBQで！/

デラックスBBQ
$120

一匹丸ごと活ロブスター＆飲み放題（ワイン、ソーダ、アイスティー、チャモロパンチ）などが付いている人気のコース。

美しいサンセットを眺めながらBBQが楽しめる

付録 MAP P11D2	**セイルズ・バーベキュー**
	Sails BBQ

エリア タモン

シーサイドで楽しむ贅沢なBBQ

ビーチの真横のセルフスタイルで楽しむBBQは焼き加減も自分で調整でき、体験型BBQとしてファミリーにも人気。夕日を眺めながらビーチサイドで食べる料理は格別。2回入れ替え制。

DATA 🚌 タモンシャトルでデュシットビーチ／デュシットプレイス前下車、徒歩3分 🏠152 Pale San Vitores Rd. 📞(671)649-7760/647-1976（予約）🕐18〜19時30分、19時45分〜21時15分 休なし

\ シュリンプが食べたい！/

ビーチン・シュリンプ
（エンジェルヘアーパスタ入り）
$21.99

店名が料理名になった名物メニュー。少しスパイシーだがハーブがエビの臭みを消している

ガンバス・ガーリック・シュリンプ（手前）$17.99

付録 MAP P15	**ビーチン・シュリンプ**
	Beachin' Shrimp

エリア タモン

世界各国のエビ料理を楽しめる

旅好きのオーナーが世界各地でヒントを得たエビ料理をアレンジ。チャモロ風はもちろん、スペイン、アメリカなどグアムにゆかりのある国の料理も揃う。デュシットプレイス内でアクセスも便利。

DATA 🚌 タモンシャトルでデュシットビーチ／デュシットプレイス前下車すぐ 🏠デュシットプレイス（→P76）内 📞(671)642-3224 🕐10〜21時（金・土曜は〜23時）休なし

スーパーやカジュアル和食店でポキ丼はいかが?

新鮮なマグロやサーモンを使ったポキ丼は、ローカルにも人気。マイクロネシア・モールのペイレス・スーパーマーケット(→P86)やタムニングのおにぎりセブン(→P54)では作り立てのポキ丼が味わえる。

ペイレス・スーパーマーケット内「ローカル・ボウルズ」のポキ丼

おにぎりセブンではイートインもできる

まるでフィッシュマーケット!

シェフのシーフードプラッター *$51*
グリルロブスターテール、ホタテ、ムール貝、エビ、白身魚の贅沢シーフードにシトラスバターソースがよく合う

マッドクラブ(大型のカニ)やロブスターなどが並ぶ

付録
MAP
P8B2
フィッシャーマンズ・コーブ
Fisherman's Cove
エリア タムニング

好きなシーフードを好みの調理法で

その日にとれた新鮮な魚介が魚市場のように並び、自由に選んで調理法や味付けもオーダーできる。ステーキやアラカルトメニューもあり、迷ったときでも安心だ。

DATA ✕タモンシャトルでヒルトングアム下車すぐ 住Hヒルトン グアム・リゾート & スパ (→P122) 内 ☎(671)646-1835 (予約) 営17時~21時 休火曜 ※料金には10%のサービスチャージが加算される

手づかみで豪快に味わいたい!

クラッキン・キングクラブ
$60 (1人)
キングクラブレッグ、エビ、貝、ポテト、コーン、ライスがセットになって贅沢

18時~18時30分ごろは美しいサンセットタイム

付録
MAP
P11D2
ナナズ・カフェ
Nana's Café
エリア タモン

手づかみで食べる豪快シーフード料理

海をイメージした爽やかな雰囲気の店内で、バラエティ豊かなシーフード & ステーキを堪能できる。おすすめは、キングクラブレッグやエビ、貝などを手づかみで楽しむクラッキン・キングクラブ。ディナーの人気メニューだ。

DATA ✕タモンシャトルでデュシットビーチデュシットプレイス前下車、徒歩3分 住152 Pale San Vitores Rd. ☎(671)649-7760/647-1976 (予約) 営11時30分~14時、17時30分~21時 休なし

人気の秘密を教えます！

大満足のホテルビュッフェ

お肉もシーフードもデザートも、ちょっとずつ楽しみたい！　そんなワガママ女子の望みを
叶えてくれるのがホテルビュッフェ。ここでは取材記者イチオシの人気ビュッフェをご紹介。

パーム・カフェ
Palm Café
付録 MAP P11D3
エリア タモン
Ｈデュシットビーチ
リゾートグアム

種類豊富な料理を存分に堪能できる

タモンの中心でオーシャンフロントという抜群のロケーション。世界各国の料理がバラエティー豊富に並んだビュッフェは味にも定評があり、ローカルにも人気。夜は曜日によって異なるテーマで料理が並ぶ。

DATA ⊗タモンシャトルでデュシットビーチ／デュシットプレイス前下車すぐ　Ｈデュシットビーチリゾートグアム（→ P122）
☎(671)649-9000　圏7 ～ 10時、11 ～ 14時（土曜、サンデーブランチのみ営業）　圏なし
圏朝食$29（6 ～ 12 歳$14）、土曜ランチ$40（6 ～ 12 歳$20）、サンデーブランチ$57（6 ～ 12歳$28）、5 歳以下無料

■料理の種類：和食、中国、アメリカン、イタリアンなど
■おすすめ時間帯：サンデーブランチ 11 ～ 14 時
■日本語メニュー：なし
■座席数：210 席

いちおしポイント
料理のおいしさはもちろん、開放的な空間と窓から眺める景色にテンションが上がる

さまざまな美味しさを楽しめるビュッフェライン

トロピカルテイストの明るい店内

BBQポークや中国料理のチャプスイ、チャモロ料理など多彩な料理が味わえる

■料理の種類：和食、中国、韓国、アメリカン、イタリアン、チャモロなど（メインは曜日ごとに異なる）
■おすすめ時間帯：18 ～ 20 時
■日本語メニュー：なし
■座席数：250 席

ゆったりと席が配され落ち着いて食事できる

テイスト
Taste
付録 MAP P11D2
エリア タモン
Ｈウェスティン
リゾート グアム

曜日でメインが替わる贅沢ビュッフェ

地元新聞社主催のレストラン投票「Pika Best of Guam」のベストビュッフェに 5 年連続で選ばれた実力店。月曜はステーキ、火曜はロブスター、水曜はシーフードなどメインが曜日ごとに替わる。内容は店に問い合わせて。

DATA ⊗タモンシャトルでウェスティン前（リーフホテル）下車すぐ　Ｈウェスティン リゾート グアム（→ P121）　☎(671)647-1020　圏6時 30 分～ 10時、土曜ランチ 11 時 30 分～ 14 時、サンデーブランチ 11 ～ 14 時 30 分、18 ～ 21 時（水～土曜）　圏なし　圏朝食$27.50（6 ～ 11 歳$13.75）、ランチ $33（6 ～ 11 歳$16.50）、ディナー$40 ～ 52（6 ～ 11 歳$20 ～ 26）、サンデーブランチ$55（6 ～ 11 歳$27.50）※曜日ごとに料金が変わる。いずれも 6 歳未満は無料、10％ サービスチャージ加算

いちおしポイント
曜日によってテーマが変わるバラエティーに富んだビュッフェ。ランチとディナーはビールなども飲み放題（曜日により異なる）

ムール貝やロブスターなど新鮮なシーフードがズラリ

虹
Niji

エリア タモン ・ Hハイアット リージェンシー グアム

さまざまな和食メニューを堪能

寿司カウンターや鉄板焼き、天ぷら、鍋など、和食が恋しくなったときには迷わずココへ。ビュッフェとはいえ味は日本以上との評判も。カレーや焼きそばなどホッとできるカジュアルグルメも揃っている。

DATA ⊠タモンシャトルでサンドキャッスル／ハイアットリージェンシー前下車すぐ 住Hハイアットリージェンシー グアム（→P120）ロビー一階 ☎(671)647-1234（代）営11時30分〜14時、18〜21時 料ランチ$38〜(6〜12歳は$19〜)、土・日曜ブランチ$56〜(6〜12歳は$25〜)、ディナー$50〜(6〜12歳は$25〜)、金・土曜ディナー$60〜(6〜12歳は$25〜) ※6歳未満は無料、10%サービスチャージ加算 📱

ビールバケットは6種類

高級感のある入口

いちおしポイント

寿司や天ぷら、鉄板焼きをはじめ種類豊富な日本料理の数々をビュッフェスタイルで楽しめる

■料理の種類：和食
■おすすめ時間帯：月〜水曜の11時30分〜14時、18〜21時
■日本語メニュー：あり
■座席数：141席

寿司をはじめ、日本の繊細な味が楽しめる

火曜のニューヨーク&ステーキナイトはとにかく豪快に楽しめる

広々として開放的な店内

■料理の種類：和食、中国、アメリカン、イタリアン、フレンチ、ハワイアン、メキシカン、チャモロ、エスニックなど
■おすすめ時間帯：18〜19時30分
■日本語メニュー：あり
■座席数：180席

アイランダー・テラス
Islander Terrace

エリア タムニング ・ Hヒルトン グアム・リゾート&スパ

何を食べたいかで曜日をチェック

ローカルの人気が高いことで知られるビュッフェ。人気の秘密は金曜のシーフード、土曜のBBQなど、曜日ごとにテーマが替わる料理。もちろんローカルフードもいっぱい。

DATA ⊠タモンシャトルでヒルトングアム下車すぐ 住Hヒルトン グアム・リゾート&スパ（→P122）メインタワー・ガーデンレベル ☎(671)646-1835 営6時30分〜10時、11〜14時(月・火・木〜土曜、日曜はサンデーブランチ)、17〜21時 料朝食$28(5〜11歳$14)、ランチ$35〜(5〜11歳$17.50〜)、ディナー$48〜(5〜11歳$24〜)、サンデーブランチ$60(5〜11歳$30) ※5歳未満は無料、10%サービスチャージ加算

いちおしポイント

火曜のニューヨーク&ステーキナイト、木曜のパシフィックリムナイトもチェック。まったく違うレストランのような個性的な品揃えに大満足！

金曜のシーフードナイトも人気

時間を気にせず使えて便利！

グアムで行くべきファミレス

ファミリーでも気兼ねなく利用できるファミレスはグアムでも人気。
せっかくならグアム限定チェーンへ出かけてみよう。グアム限定メニューもチェックしてみて。

付録
MAP
P8A3

シャーリーズ・コーヒーショップ
Shirley's Coffee Shop
エリア タムニング　グアム限定チェーン

シンプルな卵料理は女性に大人気

出勤前の朝食やディナーまで地元客で賑わい、
飾らないグアムの味が楽しめる。スパニッシュ
オムレツ $13.95 やポーチドソーセージ $14.50
は女性に人気。ランチはガッツリ系が中心。

DATA 交 タモンシャトルで星野リゾート リゾナーレグアム下車、
徒歩7分 住388 Gov. Carlos G. Camacho Rd.
☎(671)649-6622 時7時30分〜21時
休なし

おすすめメニュー

10oz US チョイス・ニューヨー
クステーキと4ピースグリルジャ
ンボプラウンは$35.95

食事時にはあちこちのテーブル
から賑やかな会話が

アイスクリーム2スクープを
クレープで包んで、生クリ
ーム、アーモンドなどをトッ
ピングしたアイスクリームク
レープ$12.50

付録
MAP
P8A4/
P14

キングス
KING'S
エリア タムニング　グアム限定チェーン

庶民的なチャモロ料理を味わえる

チャモロ料理のテイストをベースにしたボリューミー
なメニューで人気。朝食にはパンケーキやハンバー
ガー、サンドイッチを、ランチやディナーには各種プ
レートやステーキなどを。

DATA 交 タモンシャトルなどでグアムプレミアアウトレット下車すぐ
住 グアム・プレミア・アウトレット（→ P72）敷地内
☎(671)646-5930 時24時間 休なし

おすすめメニュー

（ロシンドさん／
ウエイター）

ビーフショートリブ、フライド
チキン、チキンキラグエンな
どの盛合せ、サザン・フィエ
スタ・プレート$19.05

女性には量が少なめのミニミールが
おすすめ。テイクアウトも
気軽に声をかけてね

マカデミアパンケーキ$12を食後に楽しむ女
性も多い。メインは控えめに

地元客で賑わう店内は、ゆったりしたレ
イアウトでのんびりできる

デニーズ

付録 MAP P16

Denny's

エリア デデド

グアムならではのワイルドなメニューも

マイクロネシア・モールにあるのでショッピング中のランチにおすすめ。メニューは完璧なグアム仕様で。そのままの姿を揚げたフライド・ティラピア $14.99 などはグアムでしか味わえない。

DATA 交 タモンシャトルなどでマイクロネシアモール下車すぐ
住 マイクロネシア・モール (→P78) 内1階
電 (671)637-1802 時 24時間 休 なし

グアム限定メニュー

ピリ辛のフライドライスに、スクランブルエッグ、ソーセージを添えたチャモロ・スラム$14.29

グアムの風景を描いた絵画が壁に並んでいてかわいい

日本のかき氷をイメージしたアイス・コーン$2.29は量が多いからシェアがおすすめ

気取らないファミレスならではの料理を楽しんでね。ボリュームと味に自信ありよ

（スタッフ一同）

おすすめメニュー

ボリューム満点のサザン・スモーキーバーガー$16.99は絶対に味わいたい一品

チリズ

付録 MAP P11C3

Chili's

エリア タモン

ラテン系の明るさと味のよさで勝負

タコスなどのメキシカンや、テキサススタイルのステーキ、オリジナリティあふれるハンバーガーなどがおいしい人気店。ステーキハウスの姉妹店なので肉の質やボリュームも文句なし。

DATA 交 タモンシャトルでタモンサンズプラザ向かい下車すぐ
住 1082 Pale San Vitores Rd. （タモン・サンズ・プラザ内）
電 (671)648-7377 時 11～21時 休 なし

カクテルの一番人気はプレジデント・マルガリータ$8.49。シェイカーにはもう1杯分入っているのもうれしい

カリフォルニア・ピザキッチン （タモン店）

付録 MAP P15

California Pizza Kitchen

エリア タモン

世界各国の料理が味わえる

オーダーを受けてから店内の窯で焼き上げる、ライト感覚のピザが評判。ピザの種類は約20種。サラダやパスタ、デザートなど、ピザ以外のメニューも充実している。

DATA 交 タモンシャトルでデュシットビーチ／デュシットプレイス前下車すぐ
住 デュシットプレイス（→P76）内
電 (671)647-4888
時 11～21時（金・土曜は～22時） 休 なし

店内はピザを焼く香りでいっぱい

スモークチーズがクセになる！ザ・オリジナルBBQチキン$18.50

女性客に大人気のガーリック・クリーム・フェットチーニ$17.50

さまざまなジャンルが揃う

2大フードコートでお手軽ごはん

何を食べようか迷ったら、フードコートへ直行！世界各国の料理が揃うので、
気分に合わせてお好みを選ぼう。買物途中の休憩や、待合せにも便利なので、気軽に利用したい。

店舗数 15軒
座席数 550席

いろいろなタイプの店舗が並ぶ

付録
MAP
P14

グアム・プレミア・アウトレット・フードコート

Guam Premier Outlets Food Courts

エリア タムニング

安くておいしいメニューがたくさん

中国、イタリアなど各国料理を味わえる飲食店が並ぶ
フードコート。グアム限定メニューが人気のファストフー
ド店、オーダーを受けてから料理してくれる店、ズラリと
並んだ料理から好みで選ぶビュッフェ式とさまざま。

DATA 交住グアム・プレミア・アウト
レット(→P72)内　☎(671)647-
4032　営10〜21時　休なし

**味一の醤油ラーメンと
カリフォルニアロール**
食べ慣れた日本の味のオンパレ
ード。定食や丼メニューも豊富

$8.99(S)

$11.80

$9

**パンダエクスプレスの
2品チョイス**
10種類以上ものおかずから1〜
3品選べる。写真はブロッコリー
ビーフとオレンジチキン。サイドオ
ーダーは白飯、チャーハン、玄
米、焼きそば、野菜から一つ選択

**インペリアル・
ガーデンの
2品チョイス**
ブルコギと春雨と野菜
のチャプチェ。白飯かレ
ッドライスかを選べる。
マカロニサラダがセット

$5.50

**チャーリーズフィリーステーキの
フィリーチーズステーキ**
カウンター越しの鉄板で調理した具材を、カ
リカリに焼いたパンでサンド

$11.25

$11.50

$11.90

**モンゴモンゴの
モンゴリアン
バーベキュー
(ポーク)**
好みの肉と5種
類の野菜、調
味料を選んでそ
の場で調理して
もらうスタイル

スバーロのコンボ
ラザニアやスパゲッティは好み
のソフトドリンクと蒸し野菜をセッ
トにしたコンボにできる

店舗数 23軒
座席数 750席

付録
MAP
P16

フィエスタ・フードコート

Fiesta Food Court

エリア デデド

多国籍のファストフードが揃う

チャモロ料理はもちろん、韓国料理や中国料理、日本料理など、約25軒の多国籍ファストフードが勢揃い。客席数も島内最大の750席と広々。新しいお店もオープンしているので、お気に入りを見つけよう。

DATA 交住マイクロネシア・モール（→P78）内2階 📞(671)632-8881〜2 ⏰10〜20時（金土曜は〜21時）休なし

家族連れに最適なフードコート

$12

ランピーズの
フィエスタプレート

チャモロ料理とフィリピン料理が並ぶ。甘辛タレの焼き鳥や春巻きは、地元のレッドライスと好相性

シンズカフェの
チキンティッカマサラ

$10.99

タンドリーチキンが入るチキンティッカマサラなど、自家製カレーは8種類。ケバブやサラダなども販売。

レイジング ケインズの
ボックスコンボ

チキンフィンガー4本にテキサストースト、ポテト、コールスローがセットに。ケインズソースに付けて食べよう

$5.25

$10.98

$12.79

ブレッツェル
メーカーの
シナモンレーズン

注文を受けてから焼くソフトプレッツェル。生地にレーズンを混ぜシュガーパウダーとアイシングをトッピング

ポテト & クラウドの
ポークシシグフライ

フライドポテト専門店。フィリピン料理のポークシシグは、スパイシーな味わいがほくほくポテトとマッチ！

サンハワイ のビッグジョンコンボ

ビーフ、ポーク、チキンの3種類のBBQ。炒飯やレッドライスをひと盛りずつセットにすることも可能

$20

ヤミーハウスの
2品チョイス

台湾系の中国料理を1〜3品選びプレートに（スープ付き）。ラーメンなどの麺類メニューも豊富

サブウェイの
イタリアンBMT 6インチサンドイッチ

$6.39

パンの種類、具材、ソース類を選ぶオリジナルサンド。ミールにするとソフトドリンクに、クッキーまたはチップスが付く

$11.75

タウ ベイ フォーの
シュリンプ
トマトスープ

夏バテ気味のときにうってつけの酸味のあるスープ。ほかにベトナム料理の各種アラカルト、1〜3品のプレートも

$11

おいしくって体にやさしい

注目のヘルシーグルメ

ボリューミーなアメリカンフードが続くと、ヘルシーごはんが恋しくなる…。オーガニック食材やスーパーフードなど
ヘルシー食材を使ったメニューが味わえる、地元でも人気のお店をご紹介！

コールドプレス製法でつくるザ・ジュース各$9とストロベリーショートケーキ
スムージー$8.50（奥）、アサイーボウル$12.50（手前）

豆腐とホウレンソウをふんだんに使ったラザニア$10.99

テイクアウトがメインだがテーブル
席もある

オリーブオイルやディルがアクセン
トのアボカドトースト$7.25

オーガニック料理のレシピ本なども
並ぶ店内

ビーガン・エッグサラダ・サンドイッ
チ$8.25

| 付録
MAP
P8A4 | **イグナイトジュースバー**
ignite Juice bar
エリア タムニング |

コールドプレスジュースでデトックス

野菜や果物の栄養素を無駄なく摂取できるコールドプレ
スジュースの店。カラフルで見た目もきれいなジュース
で、おいしくヘルシーに。スーパーフードを取り入れた
アサイーボウルは食事代わりにも◎。

 DATA 交 タモン中心部から車で10分
住800 S Marine Corps Dr. 電(671)646-8379 営7～19時
休日曜

| 付録
MAP
P6C1 | **シンプリー・フード**
Simply Food
エリア ハガニア |

こだわりのオーガニックメニュー

ハガニアの教会敷地内にある店で、オーガニックメ
ニューを提供。メニュー表にチェックしてオーダーする。
日替わりのフードメニューもあり、リピーターも多い。
シックなインテリアで落ち着く。

DATA 交 タモン中心部から車で15分 住290 Chalan Palasyo Agana
Heights 電(671)472-2382 営11～14時、ショップは8時～17
時30分（金曜は～15時） 休土・日曜

マイティー・パープル・カフェ

付録
MAP
P12A3

Mighty Purple Café

エリア ハガニア

フルーツたっぷりのアサイーボウル

アパレルブランド「クランズ」のショップに隣接するカフェ。アサイーをはじめ、バナナやマンゴーなどのトロピカルフルーツを使ったスイーツが豊富。カラマンシー（柑橘類）を搾ったアイスティーも爽やか。

DATA 🚗タモン中心部から車で15分 🏠173 Aspinall Ave Apt. A 103 📞(671)747-4579 🕐9〜19時（月・火曜は〜18時、日曜は12〜17時）🈲祝日

テイクアウトとイートインのどちらも可能

パイナップルやキウイがのったマイティー・アイランド・ボウル(16oz)$10

グアム産ココナッツも入ったマイティー・アサイー・ボウル(16oz)$10

付録
MAP
P12A2

フウナ・カルチャーズ・アイム・イントゥ・サムシング・グッド

FU'UNA Cultures I'm into something GOOD

エリア ハガニア

ヴィーガンメニューをテイクアウトで

100%ヴィーガンの料理をテイクアウトで提供。日替わりランチ、サラダ、デザート、焼き菓子、ドリンクなどメニューは豊富。グアム産の食材を取り入れ、地産地消にもこだわっている。健康意識の高いローカルの御用達。

DATA 🚗タモン中心部から車で15分 🏠230 W Soledad Ave. Unit 104 📞(671) 969-8011 🕐11〜15時 🈲土・日曜

ナッツベースのヴィーガンチーズ、ゴートレスチーズのサラダ$14.85と、ボムチポトーレケサディーヤ$16.50

クッキーやチョコバーなど甘さ控えめスイーツも。各$4.95〜

ランチタイムには小さな店内に多くの人が訪れる

ボカ・ボックス

付録
MAP
P12A2

Boka Box

エリア ハガニア

バリエーション豊富な健康食カフェ

ミールボックスのサブスクも展開するヘルシー料理店。栄養学を学んだオーナーが提供するのは、旧石器時代の食生活を取り入れたパレオダイエット食や、グルテンフリー、アスリート向けの食事など、どれもヘルシーなメニュー。

DATA 🚗タモン中心部から車で15分 🏠322 W Soledad Ave. 📞(671)922-2652 🕐7〜15時（土曜は〜12時）🈲日曜

ヘルシーなのにおいしい料理が好評で地元のリピーター客も多い

ビーツやレモン、しょうがなどが入った鮮やかなアガジュース$6.25

ソイジンシャーサラダ$13.99(左)とオーブンフライドチキン$13.99(右)

雰囲気も味も抜群!

最旬カフェでひと休み♪

こだわりのコーヒーが味わえるカフェが続々オープンしているグアム。
トロピカルフルーツを使ったドリンクや、見た目もキュートなスイーツが楽しめるSNS映えカフェもチェック!

付録
MAP
P16

イレベンセス
elevenses
エリア デデド

フォトジェニックな店内でひと休み

フォトグラファーとデザイナーのオーナーのセンスが光るおしゃれなカフェ。コーヒーをはじめ各種ドリンクは、見た目も洗練されている。ケーキ、デニッシュのほかサンドイッチなどの軽食もあり、ショッピング途中の休憩にも最適。

DATA 交 タモンシャトルでマイクロネシアモール下車すぐ 住 マイクロネシア・モール（→P78）内 電(671)997-2929 時10～20時（金・土曜は～21時）休なし

具だくさんなツナサンドイッチ$7.75

ピンクとグリーンを基調にしたかわいい店内

コーヒーに合うスコーン$3.25（左）やデニッシュ$1.50～（右）のほか、アサイカップ(S)$8.50（奥）も人気

付録
MAP
P12B4

フィズ&コー
Fizz & Co
エリア ハガニア

キュートな店内は写真映え確実!

レトロポップな内装が話題のお店。お店のイメージそのままのカラフルなシェイクやクリームソーダが人気で、SNS映えスポットしても知られる。ホットドッグやカスタマイズできるハンバーガーも美味。

DATA 交 タモン中心部から車で15分 住 アガニア・ショッピングセンター（→P57）内 電(671)922-3499 時10～20時（日曜は～18時）休なし

カラフルでポップな店内はどこもかしこもフォトジェニック！

ストロベリークリームソーダ$4.25はかわいさ満点！

チリチーズホットドッグ12インチ（約30cm）$13。6インチもある

ストロベリーバナナシェイク$8.25

甘酸っぱいストロベリー
生クロワッサン$7.50

ジャバチップフラッペ
スムージー$6.50と
アソーテッドサンドイ
ッチ(ハム&チーズ、
ツナ、エッグ)$10

カフェ・メイフラワー

付録 MAP P11D4

Cafe Mayflour

エリア タモン

焼きたてパンの香りに包まれる

毎日 11 時頃に焼きあがるパンを目当てに常連客
が集うカフェ。おすすめは、チョコレートやスト
ロベリーのクリームがたっぷり入った生クリーム
パンやクロワッサン。種類豊富なサンドイッチも
人気だ。スムージーなどのドリンクも充実。

DATA 交 タモン中心部から車
で5分 住5090 113 Tumon Lane
電(671)489-0446
時7〜19時(日曜は8〜18時)
休なし

いちばん人気の生ク
リームパン各4.50

パリスコ ベーカリー&カフェ

付録 MAP P8A3

PariSco Bakery & Cafe

エリア タムニング

人気パティスリーのベーカリーカフェ

パリで修業したパティシエが作るキュートなス
イーツやパンが評判のカフェ。人気のマカロン
アイスは期間限定のフレーバーも登場する。ク
ロワッサンやデニッシュとコーヒーで、カフェタ
イムを楽しんで。

キュートなマカロンアイス
(ストロベリー)$6

DATA 交 タモン中心部
から車で15分 住285 Farenholt Ave.,
C307
電(671)646-0099
時7〜18時(日曜は8〜
17時)
休なし

いつ訪れても地元の
人々で賑わう人気カフェ

スピナッチとフェタチー
ズのデニッシュ$5.95
(手前)と、チキンカレ
ーマヨのサンドイッチ
$9.50、ストロベリーミ
ルクマキアート$7.25

濃厚な味わいのチェスナ
ッツチーズケーキ$9.50は
クリームたっぷり♡

イエローツリー・デザートカフェ

付録 MAP P8B3

Yellow Tree Desert Cafe

エリア タムニング

イエローがかわいいおしゃれカフェ

韓国人オーナーが経営する、イパオビーチ向かいのカフェ。クリー
ムたっぷりのフラッペや繊細な味わいのケーキに、つい長居し
てしまいそう。やさしい甘さのエッグタルトやサンドイッチなど
のメニューも揃う。

DATA 交 タモンシャトルで
イパオパーク/GVB前下車
すぐ 住Tumon Ypao Plaza
340 San Vitores Rd.
電(671)969-8733
時8〜18時 休日曜

レモンイエローが目を引くシンプ
ルでおしゃれな店内

オレオフラッペ$7とストロベリーショートケーキ$7

ひんやりスイーツセレクション

カラフルな南国スイーツは必食！

常夏のグアムで食べたいのは、暑さもふっ飛ぶ冷たいスイーツ♡
レインボーカラーのかき氷やデザートみたいなドリンクなど、ローカルにも話題のスイーツをチェック！

シェイブ
アイス

Ⓑ マカロンキング
$13.95
キュートな見た目に加えて舌の上でとろけるチョコ×ミルク×ミルクティーがリッチ！

Ⓑ マカロンクイーン
$13.95
バタフライピーやマンゴーのパステルカラーがかわいさ MAX ！

Ⓐ シェイブアイス
$7.50（レギュラーサイズ）
フレーバーは約40種類から３つ選べる。写真はストロベリー、バナナ、ブルーコットンキャンディ

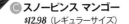

Ⓒ スノーピンス マンゴー
$12.98（レギュラーサイズ）
マンゴー風味のかき氷にハロハロのトッピングをのせて♪

Ⓑ リトルマーメイド
$9.95
バタフライピーフレーバー。足ヒレの形をしたハニージェリーがトッピング

Ⓐ ハファロハ

Hafaloha
エリア タモン 付録MAP/P10B3

巨大なシェイブアイスは必食

グアムにかき氷のおいしさを定着させたお店。カラフルなシェイブアイスのほかフードメニューも登場。Tシャツなどのオリジナルアパレルはおみやげにもおすすめ。

DATA 🚌 タモンシャトルでアカンタモール／グランドプラザホテル下車、徒歩3分
🏠955 Pale San VitoresRd.
📞(671)989-3444
🕐11〜21時（金・土曜は〜22時）休なし

Ⓑ アイス・ウナ

ICE UNA
エリア タモン 付録MAP/P10A3

SNS 映え確実のスノーアイス

台湾かき氷をはじめ、タロイモやタピオカを使った冷たいスイーツがローカルにも大人気！名物のスノーアイスは、アイディアいっぱいのキュートな見た目に感激！

DATA 🚌 タモンシャトルでパシフィックアイランドクラブ向かい下車すぐ
🏠576 Pale San VitoresRd. Suite 103
📞(671)989-6889
🕐12〜22時（火曜は17時〜）休なし

Ⓒ スノーベリー・デザート・カフェ

Snowberry Dessert Cafe
エリア タモン 付録MAP/P10A3

もはやかき氷以上のおいしさ♡

濃厚なのに後味さっぱり、ふわふわ氷がやみつきになるかき氷店。スノーアイスにゼリーや小豆が入ったハロハロや、黒蜜やモチ入りのかき氷など、種類も豊富。

DATA 🚌 タモンシャトルでパシフィックアイランドクラブ向かい下車すぐ
🏠588 Pale San VitoresRd.
📞(671)648-8866
🕐12〜22時 休なし

アイスクリーム

(E) **ブーングス アイス** *$6.50*

バニラソフトクリームにフルーツティーペブルスをトッピング

(E) **ブーングス アイス** *$6.50*

抹茶ソフトクリームにコーンフレークをトッピング

(D) **ワッフルコーン アイスクリーム**
シングル *$6* ／ダブル＋ *$3*

写真はハロウィーンイメージの組み合わせ。トッピングを含めて$10

(C) **スノー スムージー ストロベリー**
$8.98
（レギュラーサイズ）

カラフルなトッピングで SNS 映えもばっちり！

(F) **バブリーミルクティー タイティーブレンド**
$6.65 (20oz)

タピオカ＆コーヒージェリーを入れたリッチな味わい

ひんやりドリンク

(C) **スノースムージーマンゴー**
$8.98 （レギュラーサイズ）

トロピカルなマンゴーフレーバーは南国グアムにぴったり♡

(F) **ハニデューバブリー シェイク**
$5.95 (20oz)

ハニデューメロンのシェイクにレインボージェリーを追加

(D) # スノー・モンスター

Snow Monster
エリア タモン 付録MAP/P11C3

カラフル＆キュートなアイス♪

元パティシエのオーナーが手がけるアイスクリーム店。カラフルでフォトジェニックなアイスは全て手づくり。豊富なトッピングはどれもキュートで悩んでしまう。

DATA タモンシャトルなどでタモンサンズプラザ向かい下車すぐ
1051 Pale San Vitores Rd.
(671)649-2253 11 〜 22 時
なし

(E) # ブーングス・カフェ

Boong's Cafe
エリア タモン 付録MAP/P11D3

グアム発のたい焼き専門店

定番のあんこやカスタードのほか、ヌテラやピザなど、日本にはない珍しいフィリングも。アイスの上にたい焼きをのせた、ブーングスアイスはインパクト大！

DATA JP スーパーストア前下車すぐ
1355 Pale San Vitores Rd.
(671)646-3095
11 〜 21 時（金・土曜は〜 21 時 30 分）
なし

(F) # バブリー・ティー・カフェ

Bubbly Tea Café
エリア タムニング 付録MAP/P8A4

タピオカドリンクならココ

白を基調とした清潔感あふれる店内で、タピオカドリンクなどが味わえる。シェイクのフレーバーは約30種類あり、コーヒーなどのドリンクも種類が豊富。

DATA タモンシャトルなどでグアムプレミアアウトレット下車、徒歩 5 分
103 Mikkel Tan Vy Enterprises,Inc Bldg.
(671)646-6063 11 〜 20 時（金・土曜は〜 21 時） なし

メイド・イン・グアムの

クラフトビールが飲みたい！

南国の日差しが照り付けるグアムでは、やっぱり冷たいビールが飲みたい！
せっかくならメイド・イン・グアムのクラフトビールを味わって。缶ビールならおみやげにも◎

タップハウスで
できたてを味わう

タップハウスでできたてを。左からナナ
ズパイ、アイランドIPA、ベルジャン
クワッドモカ、グアムゴールド。5oz $4
〜、10oz $6〜、16oz $9〜

2代目ヘッドブルワー
のアンドリュー氏

店内の壁画はローカルアー
ティストの手によるもの

ザ・グアム・ブルワリー

付録
MAP
P10B3

The Guam Brewery

エリア タモン

オリジナルフレーバーも楽しい
地ビールをおみやげに

独創的でユニークなクラフトビールを次々と
作り出しているマイクロブルワリー。缶ビー
ルを製造するほか、できたてのビールが味
わえるタップハウスもあるので、ビールファ
ンならぜひ足を運んでみて。定番2種に加
え、常時10〜12種類のビールを用意。

DATA タモンシャトルでアカンタモール／グラン
ドプラザホテル下車、徒歩3分 941 Pale San
Vitores Rd. なし 16〜22時（金・土曜は〜
24時） なし

スーパーマーケットでも
購入できる

ザ・グアム・ブルワ
リー缶ビール各$3。
スーパーで購入して
おみやげにするのも
おすすめ

他にもあります！
グアムの地ビール

グアムのスーパーでよく見
かけるのが「GUAM NO 1」
というブランド。プレミアム
のほか、バナナやジンジャー
などのフレーバービールも
種類豊富なので、いろいろ
買ってホテルの部屋で飲み
比べてみるのも楽しい。

グアムNO 1缶
ビール（6本パッ
ク）$13.99はK
マート（→P86）
で購入

ザ・グアム・ブルワリーの缶ビールはペイレ
ス（→P86）などのスーパーでも購入可。IPA
やゴールデンエールなどの定番のほか、ラ
ズベリーやキウイなどのフレーバーも。

Lala Citta Guam

Theme5

リラックス
Relax

リノベーションやリブランドが続く

グアムのホテルシーン。

オーシャンビューに癒やされたい。

最新エステも登場！

人気スパで極上体験

南国リゾートの癒やしといえば、ゆったりくつろげるスパは外せない。
グアムのホテルには、確かな技術で定評のあるスパが多いので、頑張る自分へのご褒美に。

オリジナルブレンドの
オイルを使ったボディ
マッサージが人気

体調や好みに合わせて、
ナチュラル素材を用いた
トリートメントを提供する

スパ アユアラン

Spa Ayualam

グアムで３店舗を展開する
リゾート型スパ

サンスクリット語のAyus「生命」とインドネシア語のalam
「自然」「キレイ」を語源にもつ、グアム最大規模のラグジュ
アリーホテルスパ。店舗ごとにコンセプトの違うインテリアを
楽しめる。身体を温めることを軸にすべてのメニューを構
成、めぐりを促すオイルとセラピストの手のぬくもりで、全身
のコリや緊張をほぐしてくれる。ニッコー店では、ザ ツバキ タ
ワー宿泊者限定の特別プランもある。

予約は3店舗共通ウェブサイトから
🌐jp.spaayualamguam.com/

おすすめ
コース
●シグニチャー・リラクゼーションマッサージ
$135/60分、$180/90分
身体の流れに沿ってオールハンドでアプローチする。全
身の疲労回復におすすめ
●プレミアカップルエスケープ
$340/90分(2名)
ボディとヘッドマッサージを組み合わせた贅沢なパッケー
ジ。ペアルーム確約

別冊
MAP
P11D1
ニッコー店
エリア タモン

DATA 🚌タモンシャトルでホテルニッコー
グアム下車すぐ 🏠ホテル・ニッコー・グア
ム(→P121)内 📞(671)648-1007
🕐10～22時 🈳なし 要予約

深くくつろげる落ち着いた空
間のニッコー店

別冊
MAP
P8B2
ヒルトン店
エリア タミニング

DATA 🚌タモンシャトルでヒルトングアム
下車すぐ 🏠ヒルトン グアム・リゾート&
スパ(→P122)内 📞(671)646-5378
🕐10～22時 🈳なし 要予約

ヒルトン店は白を基調にした
明るいリゾートスパ

別冊
MAP
P8A2
リーガロイヤル店
エリア タミニング

DATA 🚌タモンシャトルでリーガロイヤルラグ
ーナ下車すぐ 🏠リーガロイヤル ラグーナ・グ
アム・リゾート(→P121)内 📞(671)969-
3861 🕐10～22時 🈳なし 要予約

2023年にオープンしたリー
ガロイヤル店

ネイルサロンもチェック

ハリウッド・ネイルズ
Hollywood Nails

付録 MAP P16

エリア デデト

南国らしいデザインを手ごろな値段で

マイクロネシア・モールに2店舗を構える。マニキュア、付け爪など200種類以上あるデザインから選べ、リーズナブルな価格設定($8〜)。

DATA 🚌タモンシャトルなどでマイクロネシアモール下車すぐ 🏠マイクロネシア・モール(→P78)内 📞(671)637-4406 ⏰10〜20時(金・土曜は〜21時) 🈳なし

ニューヨーク・ネイルズ
New York Nails

付録 MAP P14

エリア タモニング

指先のトータルケアまで OK

マニキュア、ペディキュアなどトロピカルなデザインが多い。甘皮処理や手・足マッサージなどのサービスを手ごろな価格で提供。

DATA 🚌タモンシャトルなどでグアムプレミアアウトレット下車すぐ 🏠グアム・プレミア・アウトレット(→P72)内 📞(671)646-6245 ⏰10〜21時 🈳なし

デバラナ スパ
Devarana Spa

付録 MAP P11C3

エリア タモン

「天国の庭園」の名前を持つ極上スパ

オールハンドの施術にうっとり。ボディスクラブやフェイシャル、ボディラップなどメニューも多彩

高い技術を持つセラピストによる、世界トップレベルのトリートメントが受けられる。タイのハーブとグアム原産の材料を組み合わせた、グアムでしか体験できないメニューが魅力。

DATA 🚌タモンシャトルでデュシットビーチ／デュシットプレイス前下車すぐ 🏠デュシタニ グアム リゾート(→P120)内 📞(671)648-8064 ⏰10〜22時 🈳なし 🌐www.devaranaspa.com/ja/destination/guam 要予約

おすすめ！コース
●デバラナシグネチャーマッサージ
$190/90分、$230/120分
タイ式、アーユルヴェーダ、指圧、スウェーデン式のマッサージとアロマテラピーを融合
●デバラナ タッチ オブ ヘブン
$270/150分、$310/180分
ボディ&フットマッサージ、リフレッシングフェイシャルマッサージが体験できる

ナームスパ
Namm Spa

付録 MAP P11D3

エリア タモン

デュシットビーチリゾートに誕生したスパ

独自に開発したボディトリートメントアイテムを使用した施術を体験できる

ナームは、タイ語で「水」の意味。タイの雰囲気を感じる空間で、経験豊かなセラピストによるリラクゼーション、エイジングケア、リハビリテーションといったトリートメントを提供。

DATA 🚌タモンシャトルでデュシットビーチ／デュシットプレイス前下車すぐ 🏠デュシットビーチリゾートグアム(→P122)内 📞(671)647-9720 ⏰11〜22時 🈳なし 🌐www.spaguam.com/namm-spa/ 要予約 ※2023年11月現在休業中、2024年再開予定。最新の情報はHPでご確認ください。

おすすめ！コース
●タイヘリテージセラピー
$210/120分
ボディツイスト、アロママッサージ、指圧ポイントのマッサージにより心身のバランスがととのう
●ウルティメイト ナームスパ ジャーニー
$370/210分
天然オイル入りのバス入浴から泥パック、フルボディマッサージ、フェイシャルまで付いた贅沢なコース

知っておきたい！リゾートスパのエチケット

1. 予約時間には余裕をもって
ウェブサイトから予約できるスパが多いので、予約は渡航前に入れておくのがおすすめ。トリートメント前にはカウンセリングや着替えがあるので、来店は予約時間の15分前が基本。遅刻すると施術時間が短くなるので注意。

2. 着替えがラクな服装で
スパに出かける際は、着替えがラクな服装で。指輪やネックレスもあらかじめ外して行くのがベター。フェイシャルトリートメントを受ける際は、コンタクトレンズを外すよういわれるので、レンズケースやメガネを忘れずに。

3. 体の不調は事前に相談を
受付がすむと施術前に問診票を記入し、スタッフのカウンセリングがある。ケガや肌トラブルなどで触れられたくない場所がある場合や、健康上の不安がある場合は、必ず申告を。施術中の力加減もリクエストするといい。

シーサイドのロケーションを独り占め

リュクスホテルで憧れステイ

タモンからタムニングに続くビーチ沿いに立つ憧れの一流ホテル。きめ細やかなサービスで快適ステイを約束してくれる。世界的にも有名なホテルチェーンに一度は泊まってみたい♡

付録 MAP P11C3

デュシタニ グアムリゾート
Dusit Thani Guam Resort

[エリア] タモン

> エレガントな5つ星リゾートにステイ！

ジャクジーも備えるビーチフロントのプールエリア

タイ式のリゾートスタイルを満喫

世界で高級ホテルを展開する「デュシット・インターナショナル」のハイクラスホテル。タイの伝統を受け継ぐ優雅なおもてなしに出会える。本格的なタイ料理が味わえるレストランやデバラナスパ(→P119)など話題の施設を楽しみたい。

DATA タモンシャトルでデュシットビーチ／デュシットプレイス前下車すぐ 1227 Pale San Vitores Rd. (671)648-8000 $340～ 421室 www.dusit.com/dusitthani-guamresort/ja/ [日本の問合先]デュシットインターナショナル 0120-406-221(無料)

シンプルで洗練された客室

サンセットが楽しめるタシグリル

☑客室無料 Wi-Fi
☐日本語スタッフ
☑スパ
☐キッズ・プログラム

ホテル内施設
★アルフレーズ ステーキハウス→P101
★タシグリル→P97 ★アクア→P97
★デバラナ スパ→P119

付録 MAP P11D2

ロッテホテルグアム
Lotte Hotel Guam

[エリア] タモン

優雅な滞在を提供するデラックスホテル

タモン中心部から少し北、静かな環境にある韓国系ホテルチェーン。2つの宿泊棟からなり、タワー棟はオーシャンフロントビューが自慢。広い客室には深めのバスタブ、シモンズベッドを導入しリラックスできる。

現代的でスタイリッシュなデザイン

DATA タモンシャトルなどでロッテホテル前下車すぐ 185 Gun Beach Rd. (671)646-6811 $420～ 222室 www.lottehotel.com/guam-hotel/ja.html [日本の問合先]ロッテホテル東京事務所 03-3255-2571

☑客室無料 Wi-Fi
☑日本語スタッフ ☑スパ
☑キッズ・プログラム

プールとビーチエリアにはカバナ(有料)を設置

付録 MAP P11C3

ハイアット リージェンシー グアム
Hyatt Regency Guam

[エリア] タモン

便利なタモン中心部のホテル

タモン・ビーチでもひときわ目立つ大きなホテルで、広くて贅沢な造りの客室でのんびりできる。グアム屈指の高級リゾートとしての最高レベルのサービスと施設も好評。タモンの中心部に位置し、ショッピングなどにも便利。

DATA タモンシャトルでサンドキャッスル／ハイアットリージェンシー前下車すぐ 1155 Pale San Vitores Rd. (671)647-1234 $400～ 450室 www.hyatt.com/ja-JP/hotel/micronesia/hyatt-regency-guam/guamh [日本の問合先] 0120-923-299(無料)

モダンな意匠のオーシャンフロントデラックスキング

ビーチ側には3つのプールや庭園、チャペルなどがある

☑客室無料 Wi-Fi(一部有料)
☑日本語スタッフ ☐スパ
☐キッズ・プログラム

寝心地最高のヘブンリーベッド

ビーチへは直接アクセス可能

リノベした客室は明るい色調で爽やかな印象

ウェスティン リゾート グアム

_{付録 MAP P11D2}

The Westin Resort Guam

[エリア] タモン

吹き抜けがラグジュアリー 空間を演出

広々とした客室と「雲の上の寝心地」といわれるヘブンリーベッドが好評。タモン中心の好立地でリピーターが多いホテル。アワード受賞のレストランやマジックショー、日本語OKの託児所やレゴ®で遊べるキッズルームなど館内施設が充実。

DATA ⊗タモンシャトルでウェスティン前下車すぐ ⽥105 Gun Beach Rd. ☎(671)647-1020 ⽊$280〜 430室 ⽤www.marriott.com/ja/hotels/gumwi-the-westin-resort-guam/ [日本の問合先]ウェスティンホテル予約センター ☎0120-92-5956(無料)

☑客室無料 Wi-Fi
☑日本語スタッフ
☐スパ
☑キッズ・プログラム

【ホテル内施設】
★一心(日本料理)
★ミスティーズ・ビーチバー (アメリカ料理)
★テイスト→P104
★ビバ・マジック→P45

レストラン「テイスト」で贅沢なビュッフェを

アガニア湾が目の前に広がるインフィニティプール

海と一体になったインフィニティプール

☑客室無料 Wi-Fi
☑日本語スタッフ
☑スパ
☐キッズ・プログラム

【ホテル内施設】
★ザ・プレジデント
★ラ・カスカッタ
★クリフバー オアシス
★ザ パナデリア
★スパ アユアラン →P118

リーガロイヤル・ ラグーナ・グアム・リゾート

_{付録 MAP P8A2}

RIHGA Royal Laguna Guam Resort

[エリア] タムニング

水辺を感じる空間デザインと 心安らぐおもてなしにリラックス

旧シェラトンが日系ホテルへリブランド。美しい中庭のラグーンやインフィニティプール、そして全室オーシャンビューの客室など、至る所で豊かな海と水辺を感じられる。初心者から楽しめるヨガなどのアクティビティも開催する。

DATA ⊗タモンシャトルでリーガロイヤルラグーナ下車すぐ ⽥470 Farenholt Ave. ☎(671)646-2222 ⽊$230〜 318室 ⽤jp.rihga-guam.com/ [日本の問合先]リーガロイヤルホテルグループ宿泊予約専用フリーダイヤル ☎0120-116-180(無料)

アガニア湾を望む高台に位置する

スタイリッシュなインテリアのオーシャンビュールーム

ホテル・ニッコー・グアム

_{付録 MAP P11D1}

Hotel Nikko Guam

[エリア] タモン

日系ホテルらしい 細やかなサービス

タモン湾の北側に立ち、全室オーシャンフロントという好立地。日本人スタッフも常駐しホスピタリティも魅力。キッズプレイルームなど、ファミリーに配慮した施設やアクティビティが充実。

DATA ⊗タモンシャトルでホテルニッコーグアム下車すぐ ⽥245 Gun Beach Rd. ☎(671)649-8815 ⽊$345〜 470室 ⽤www.nikkoguam.com/ [日本の問合先]オークラ ニッコー ホテルズ予約センター ☎0120-00-3741(無料)

【ホテル内施設】
★桃李(中国料理)
★弁慶(日本料理)
★マゼラン(洋食バイキング)
★スパ アユアラン→P118

リゾートとモダンさを併せもつ空間

全470室がオーシャンビューの贅沢さ

広々としたバルコニー付きのスイートルーム

☑客室無料 Wi-Fi
☑日本語スタッフ
☑スパ
☑キッズ・プログラム

プールにはウォータースライダーも

楽しみ方は多種多様!

リゾートホテルで快適ステイ

ホテル・ロードに点在するリゾートホテルは、交通の便利がよいだけでなく、施設やサービスも充実しており多彩な楽しみ方ができる。ホテルの中だけでも1日中楽しめる快適ステイ先はこちら。

ヒルトン グアム・リゾート&スパ

付録 MAP P8B2

Hilton Guam Resort & Spa

エリア タムニング

3棟の巨大タワーでリッチに過ごす

タモン湾南端の緑豊かなリゾートホテル。メインタワー、プレミアタワー、タシタワーの3つの客室棟があり、用途に合わせて選ぶことができる。オーシャンビューの客室からは、タモン湾が一望できる。

DATA 🚌 タモンシャトルでヒルトングアム下車すぐ
🏠202 Hilton Rd. 📞(671)646-1835 💴$216〜 646室
🌐hiltonhotels.jp/hotel/guam/hilton-guam-resort-and-spa
[日本の問合先]📞03-5413-5697

ホテル内施設

★アイランダー・テラス
→P105
★ロイズ（パシフィックリム）
★フィッシャーマンズ・コーブ
→P103
★スパ・アウアラン→P118

□客室無料 Wi-Fi
☑日本語スタッフ
☑スパ
□キッズ・プログラム

タモン湾に続くようなプール

5種類のプールはホテルゲストなら無料

24時間営業のカフェチーノ　　メインタワーのオーシャンビュールーム

フローリングがナチュラルな客室

ショッピング、グルメ、レジャーの三拍子が揃う好立地

デュシットビーチリゾートグアム

付録 MAP P11D3

Dusit Beach Resort Guam

エリア タモン

タモンの中心にそびえる人気リゾート

旧アウトリガーが、隣接するデュシタニ グアム リゾート（→P120）と同系列に。リブランドを機に、全客室が明るさと洗練さを併せ持つ雰囲気に生まれ変わった。デュシタニと互いに行き来ができるため、プール施設はもちろん、レストランやショップなども利用可能。デュシットプレイス（→P76）にも直結する。

DATA 🚌 タモンシャトルでデュシットビーチ／デュシットプレイス前下車すぐ 🏠1255 Pale San Vitores Rd.
📞(671)649-9000 💴$360〜 604室
🌐www.dusit.com/dusitbeach-resortguam/ja/ [日本の問合先]
デュシットインターナショナル📞0120-406-221（無料）

☑客室無料 Wi-Fi
□日本語スタッフ
☑スパ
☑キッズ・プログラム

ホテル内施設

★ビーチハウスグリル
→P52
★パーム・カフェ→P104
★ナームスパ→P119

バルコニーからの眺めが最高のデラックスオーシャンフロント

ミニスライダーのあるプールはキッズに人気

付録
MAP
P8A3

星野リゾート
リゾナーレグアム
Hoshino Resorts RISONARE Guam
エリア タムニング

ホテル前には遠浅のビーチが

窓からは美しいアガニア湾を一望できる

オーシャンビューに癒やされる

豊富なアクティビティが魅力

人気のウォーターパークを併設したリゾート。タモン中心部から車で約10分。アガニア湾に面し、ホテルからは極上のサンセットが楽しめる。施設内ではココナッツ割りやダンス、フードテイスティングなど、伝統のチャモロ文化を体験することもできる。

DATA タモンシャトルで星野リゾート リゾナーレグアム下車すぐ 445 Governor Carlos G. Camacho Rd. (671)647-7777 $90〜 428室 hoshinoresorts.com/ja/hotels/risonareguam/

☑客室無料Wi-Fi
☑日本語スタッフ
☐スパ
☑キッズ・プログラム

ホテル内施設
★星野リゾート リゾナーレグアム ウォーターパーク→P32
★ル・プルミエ（レストラン）
★ベイビュー（レストラン）

目の前のビーチではSUPなどのアクティビティも楽しめる

付録
MAP
P10A3

パシフィック・アイランド・クラブ・グアム
Pacific Islands Club Guam
エリア タモン

グアム最大級のウォーターパーク！

遊びどころ満載のリゾート

ウォーターパーク（→P30）やアクティビティなどレジャー施設が充実している。全777室とグアム最多を誇る客室は、トロピカルなデザインでくつろげる。グルメやショップなども各種揃い、ここだけで一日充分楽しめる。

様々なアクティビティが楽しめるウォーターパークが自慢

ロイヤルクラブツインは爽やかな青が南国らしい

DATA タモンシャトルでパシフィックアイランドクラブ前下車すぐ 210 Pale San Vitores Rd. (671)646-9171 $300〜 777室 pic.kenhotels.com/guam/ [日本の問合先]パシフィック・アイランド・クラブ東京事務所 03-5413-5934

3つの客室棟が並ぶ広大な敷地

ホテル内施設
★パシフィック・アイランド・クラブ・グアム ウォーターパーク→P30
★ビストロ（ブランチ）

☑客室無料Wi-Fi
☑日本語スタッフ
☐スパ
☑キッズ・プログラム

付録
MAP
P11D2

グアムリーフ
ホテル
Guam Reef Hotel
エリア タモン

ここから見るサンセットも素敵

夜まで利用できるインフィニティプール

自慢のインフィニティプールでサンセットを

タモン繁華街の中心に位置し、ショッピングもナイトライフもおまかせのロケーション。ビーチタワーと全室オーシャンビューのインフィニティタワーがある。オーシャンビューの客室からはタモン湾に沈む美しい夕日も眺められる。

落ち着いた色調のオーシャンツイン

DATA タモンシャトルでウェスティン前（リーフホテル）下車すぐ 1317 Pale San Vitores Rd. (671)646-6881 $400〜 426室 www.guamreef.com/

ホテル内施設
★エッグスン・シングス・グアム→P93
★センチュリー21 プールサイドバー→P48

☑客室無料Wi-Fi
☑日本語スタッフ
☑スパ
☑キッズ・プログラム（託児所）

タモン湾に近い好立地

ザ ツバキ タワー
The Tsubaki Tower

付録
MAP
P11D2

エリア タモン

ホテル・ニッコー・グアムに隣接しプールやスパも利用可

> プールから眺めるサンセットもステキ♡

全室オーシャンビュー
絶景インフィニティプールも

タモン湾北部の高台に2020年にオープンした最高級ホテル。地上27階、340室全てがオーシャンビューで、バルコニー付きの客室はもちろん、自慢のインフィニティプールからも絶景が望める。自室のバルコニーで朝食をとるサービスも。

絶景を望むインフィニティプール

スタンダードなカメリアルームでも45㎡の広さ

DATA 🚌タモンシャトルでザツバキタワー下車すぐ
🏠241 Gun Beach Rd.
📞(671)969-5200
🛏カメリアルーム$320〜　340室
🌐tsubakitower.premierhotel-group.com/guam/jp

☑客室無料 Wi-Fi
☑日本語スタッフ
☑スパ
☑キッズ・プログラム

ホテル内施設
★スパ アユアラン→P118
　(ニッコー店を利用可)
★ミラノグリルラ ステラ
　(イタリアン)

水平線と溶け合うインフィニティプール

> 海と空をひとりじめしている気分

高層階のプレミアムオーシャンフロント

バスルームのアメニティも充実

☑客室無料 Wi-Fi
☐日本語スタッフ
☐スパ
☑キッズ・プログラム

ホテル内施設
★ザ テラス
★インフィニティバー
　→P97
★ラ カンティーナ
★ロビーバー

クラウンプラザ
リゾートグアム
Crowne Plaza Resort Guam

付録
MAP
P10B3

エリア タモン

2022年リブランドオープン！
上質にこだわるリゾートに

旧フィエスタリゾートが大改装を経てリブランドオープン。ラグジュアリーなインフィニティプールなど、「自然の美しさとの融合」をコンセプトに、快適でモダンな印象へと大変身した。眼前にマタパン・ビーチが広がる、贅沢ステイが叶う。

DATA 🚌タモンシャトルでホリデーリゾート前下車すぐ
🏠801 Pale San Vitores Rd.　📞(671)646-5880
🛏$220〜　421室
🌐guam.crowneplaza.com/ja/

ホリデイ リゾート＆
スパ グアム
Holiday Resort & Spa Guam

付録
MAP
P10B3

エリア タモン

プールはホテルの5階にある

シンプルながらも広々としたツインルーム

> ビーチも街もカジュアルに楽しめる

ビーチまで徒歩1分
ショッピングにも便利

シャトルバスの停留所が近く、食事や買物へのアクセスも便利。館内はヨーロッパ調で統一されており、客室はグループやファミリーでもゆったりと寛げる広さ。比較的リーズナブルな料金も魅力。

DATA 🚌タモンシャトルでホリデーリゾート前下車すぐ　🏠881 Pale San Vitores Rd.
📞(671)647-7272　🛏$165〜　250室
🌐www.holidayresortguam.com

ホテル内施設
★ラ・ブラッセリー(多国籍料理)
★ソウルジャン(韓国料理)
※2023年10月現在レストランは休業中

☑客室無料 Wi-Fi
☑日本語スタッフ
☐スパ
☐キッズ・プログラム

ホテルの目の前に美しいビーチが広がる

カジュアル&リーズナブルにステイ

シティホテル

ホテル・ロードを挟んで山側に立つシティホテルは、ビーチ沿いのホテルに比べてリーズナブルなのが魅力。
ショッピングや観光に重点を置く人におすすめ。

ベイビュー・ホテル・グアム

付録 MAP P11D3

Bayview Hotel Guam

エリア タモン

リブランドしてスタイリッシュに

全面改装を経て、2022年にデュシットグループにリブランド。屋上のインフィニティプールやクラブラウンジの利用など、お値段以上の施設とサービスがうれしい。客室はシンプルながらスタイリッシュで機能的。タモンの繁華街へ徒歩5分ほどというロケーションも◎。

DATA 🚌タモンシャトルでウェスティン向かい／パシフィックプレイス下車、徒歩3分 🏠1475 Pale San Vitores Rd. 📞(671)646-2300 🛏デラックス$200〜145室

明るくシンプルモダンな客室

サンセットも望めるインフィニティプール

☑客室・ロビー無料Wi-Fi
☑日本語スタッフ　☐スパ
☑キッズ・プログラム

グランド・プラザ

付録 MAP P11C4

Grand Plaza Hotel

エリア タモン

リピーターに人気のカジュアルホテル

タモンのほぼ真ん中に位置する、アクティブ派に人気のリーズナブルなホテル。アカンタ・モールや、SNS映えスポットとして知られるピンクの壁のタモン・トレード・センターへは徒歩圏。最寄りのビーチへ500mほど。1階にはABCストア(→P84)もあって便利だ。

DATA 🚌タモンシャトルでアカンタモール／グランドプラザホテル下車すぐ 🏠1024 Pale San Vitores Rd. 📞(671)647-0630 🛏$75〜124室 💻www.grandplaza-guam.com/ja/

どこへ行くにも便利な立地

シンプルだが居心地のよい客室

☑客室無料Wi-Fi
☑日本語スタッフ
☐スパ
☐キッズ・プログラム

ロイヤル・オーキッド・グアム

付録 MAP P10A3

Royal Orchid Guam Hotel

エリア タモン

ヨーロッパ風外観が女性に人気

イパオ・ビーチやPICグアムウォーターパーク(→P30)に近く、遊びの拠点に便利なホテル。ロビーや中庭のプールなどはおしゃれな南欧風。シングルからトリプルまで客室タイプは幅広く、全室バスルームとトイレが分かれているのも使いやすい。

DATA 🚌タモンシャトルでパシフィックアイランドクラブ向かい下車すぐ 🏠626 Pale San Vitores Rd. 📞(671)649-2000 🛏$130〜205室 💻www.royalorchidguam.com/ja/

トリプルルームはグループステイに◎

☑客室無料Wi-Fi(一部有料)
☑日本語スタッフ　☐スパ
☐キッズ・プログラム

館内にはステーキのトニー・ローマ(→P100)も

グアム・プラザ・リゾート

付録 MAP P11D3

Guam Plaza Resort

エリア タモン

多目的にグアムを満喫したい旅行者に人気

グアムで最も賑やかなタモンの中心に位置するホテル。大型セレクトショップJPスーパーストア(→P80)を併設し、宿泊者専用プールやフィットネスセンターに加え、24時間セキュリティの荷物預り所もある。

DATA 🚌タモンシャトルなどでJPスーパーストア前下車すぐ 🏠1328 Pale San Vitores Rd. 📞(671)646-7803 🛏$155〜505室 💻www.guamplaza.com/jp/

スタンダードツインの客室

プールを中心にホテル棟が2つ

☑客室無料Wi-Fi
☑日本語スタッフ　☐スパ
☐キッズ・プログラム

グアム入出国の流れ

大事な出入国情報は旅行が決まったらすぐにチェック！万全の準備で空港へ。

● グアム入国

 到着 Arrival

飛行機を降りたら、到着(Arrival)の表示に従って入国審査へ進む。

 入国審査 Immigration

機内で配られた出入国カードI-736(ESTA申請済みなら不要)に記入して、パスポートとともに審査官に提示する。家族連れ以外は一人ずつ審査が必要。審査では指紋の採取とカメラによる顔写真の撮影が行われる。滞在日数や旅行目的などを聞かれる場合もある。入国スタンプが押されたら完了。なお、18歳未満が単独または片方の親同伴で渡航する場合、両親または同伴しない親からの渡航同意書(英文)が必要。

 荷物受取所 Baggage Claim

荷物受取所(バゲージクレーム)へ行き、自分が乗ってきた便名が表示されているターンテーブルで荷物をピックアップ。もし荷物が見あたらない場合は、日本で荷物を預けた際にもらった荷物引換証(クレーム・タグ)を持って航空会社の係員、もしくは遺失物相談所へ。

 税関 Customs Declaration

グアムデジタル税関申告書(EDF)、または紙の税関申告書の提出が必要。EDFは到着の72時間前から申請可能なので、出国前に手続きをし、二次元コードを作成すること(→P129)。税関では、発行された二次元コードをスマホなどで表示して税関スタッフに提示すればOK。紙の申告書の場合は提出する。

⑤ **到着ロビー Arrival Lobby**

到着ロビーに出ると、ツアーに参加の場合は各旅行会社の係員が待っているので、指示に従う。個人旅行なら、レンタカーか、タクシーでホテルへ。予約をしていれば、ホテルの送迎もある。

○ 日本出国時の注意点

● グアムの入国条件

出発の10日～1カ月前までにチェック

○パスポートの残存有効期間
帰国時まで有効なもの(ただし、緊急時のために45日以上の余裕がある方が望ましい)。
○ビザ
グアムは45日以内の観光目的滞在であれば、ビザ免除プログラムによりビザもESTA(電子渡航認証システム)も申請不要。グアム出入国カード(I-736)を提出する。ただし、ESTAを申請した方が入国はスムーズ。
🌐esta.cbp.dhs.gov

旅行が決まったら準備

● ビザ免除プログラム

グアムに45日以内の商用・観光目的で渡航する場合は、ESTAの事前申請は不要。出入国カードI-736を提出する。I-736は渡航前にオンラインで入力するか、プリントアウトしたものにサインして係官に提出するか、機内で配られるI-736の用紙に記入して提出する。なお、出発の7日より前に印刷したものは無効となるので注意。

● セキュア・フライト・プログラム

アメリカを離発着する民間航空機の保安強化を目的に導入されたプログラムのこと。グアムも対象となる。航空券購入時やツアー予約時に、対象フライトを利用する場合は、航空会社や旅行会社の指示に従ってパスポートに記載の氏名／生年月日(西暦)／性別／リドレスナンバー(該当者のみ)を登録すればよい。
※リドレスナンバーRedress Numberとはテロリストなどと同姓同名であるなどの理由により、誤認されてしまう渡航者を救済する手段として、米国国土安全保障省(DHS)が発行する番号

● グアム入国時の制限

○主な免税範囲
たばこ類…紙巻たばこ1000本、または5カートンまで
アルコール類…1ガロン(約3.7ℓ)まで
現地通貨・外貨…1人$1万以上の現金および相当額の外貨を持ち込む場合は要申告
みやげ品…$1000相当まで ※たばこ・酒類はいずれも21歳以上。
○主な持ち込み禁止品
肉製品すべて(エキス、即席めんなど含む)、卵、乳製品(未開封の粉ミルクは例外)、泥のついたもの、葉や根のある野菜・果物・植物、一部の動植物やその一部を使った製品(べっ甲製品を含む)
○薬の持ち込みについて
病院で処方された薬を持ち込む場合は、持参薬を証明する英文の「薬剤携行証明書」があると安心。1部コピーを取り、帰りの分を含め、2部用意しよう。

91日以上滞在する場合はビザが必要。また、2011年3月以降にイラン、イラク、スーダン、シリア、リビア、ソマリア、イエメン、北朝鮮に渡航または滞在した場合、2021年以降にキューバに渡航または滞在した場合、またはキューバ、イラン、イラク、北朝鮮、スーダン、シリアのいずれかと二重に国籍を有する場合もビザが必要。

○ 機内持込み制限

液体物：機内持込み手荷物に液体物が入っていると、日本出国時の荷物検査で没収となるので注意。100mℓ以下の容器であれば、ジッパーのついた透明プラスチック製袋に入れて持ち込める。詳細は国土交通省のWEBサイト🌐www.mlit.go.jp/koku/15_bf_000006.html参照。
ライター：機内への持ち込みは1個まで。スーツケースなどの預け荷物には入れることはできない。

 プチ情報　パスポートの申請については、外務省 パスポート(旅券)🌐www.mofa.go.jp/mofaj/toko/passport/ を参照

◯ グアム出国

チェックイン Check-in

空港へは出発の3時間以上前には到着したい。航空会社のカウンターでパスポートと航空券（eチケット控えなど）を見せ、搭乗券と荷物引換証（クレーム・タグ）をもらう。

≫

手荷物検査 Security Check

手荷物検査とボディチェックを受け、パスポートの提示が求められる。時間がかかることも多いので注意。上着と靴を脱いで金属探知機を通るよう指示される。ベルト、時計、アクセサリーなどの金属類はあらかじめ外しておこう。

≫

③ 搭乗 Boarding

余裕をもって30分前には搭乗口へ。搭乗前にもパスポートのチェックが行われることもある。

日本〜グアムの所要時間

出発地	所要時間
成田国際空港	約3時間45分
関西国際空港	約3時間45分
中部国際空港	約3時間35分
福岡空港	約4時間

※所要時間は航空会社やフライトによって異なります

日本から直行便のある主な航空会社

航空会社	日本での問合先
日本航空 （JL）	☎0570-025-031 URL www.jal.co.jp/
ユナイテッド航空 （UA）	☎03-6732-5011 URL www.united.com/

事前に登録しておこう

●外務省 海外安全情報配信サービス「たびレジ」

「たびレジ」とは、外務省から最新の安全情報を日本語で受信できる海外安全情報無料配信サービス。旅行前に登録しておけば、渡航先の最新の安全情報や緊急時の現地大使館・総領事館からの安否確認、必要な支援を受けることができる。
URL www.ezairyu.mofa.go.jp/tabireg/index.html

●Visit Japan Web

日本入国・帰国時に必要な「税関申告」をWebサイト上で行うことができるサービス。日本出国前にメールアドレスでアカウントを作成し、同伴する家族などの利用者情報や、入国・帰国のスケジュールを登録しておくとスムーズ。帰国前にVisit Japan Webの「日本入国・帰国の手続き」画面の「携帯品・別送品申告」をタップして手続きを済ませると、情報を含んだ二次元コードが発行される。
URL vjw-lp.digital.go.jp/ja/

◯ 日本帰国時の制限

●主な免税範囲

酒類	3本（1本760mℓ）
たばこ	紙巻200本、または加熱式たばこ個包装等10個、または葉巻50本、またはその他たばこ250gまで
香水	2オンス（約56mℓ、オーデコロン・オードトワレは除外）
その他	1品目ごとの海外市価合計額が1万円以下のものは全量、海外市価合計額20万円まで

※酒類とたばこは20歳未満の免税なし

●主な輸入禁止品と輸入制限品

○禁止されている主なもの
麻薬、大麻、覚醒剤、指定薬物、銃砲類、爆発物や火薬類、通貨または証券の偽造・変造・模造品、わいせつ物、偽ブランド品、土付き植物など
○規制されている主なもの
ワシントン条約に該当する物品、動植物、動物製品。医薬品・化粧品等も数量制限あり
○その他、注意するもの（一例）
果実、切花、野菜、ソーセージといった肉類、乳製品などは検疫が必要になる。
※詳細は税関公式サイトを参照
URL www.customs.go.jp/kaigairyoko/nyuukoku.htm

※日本帰国時の税関では、電子申告端末にVisit Japan Webで発行された二次元コードとパスポートをかざして手続きする。空港に備えつけの「携行品・別送品申告書」を提出してもOK（家族は1枚で可）。

 プチ情報　日本帰国への際、別送品がある場合や免税範囲を超えた税率などの詳細は税関 URL www.customs.go.jp/ を参照

グアム入国時に必要な書類

ビザ免除プログラムを利用する場合は、渡航前にオンラインでプリントアウトしたものもしくは航空機内で配られる出入国カード I-736(グアム-北マリアナ諸島連邦ビザ免除プログラム情報)に記入し、帰りの航空券と一緒に入国審査官に提示。税関申告書は世帯ごとに提出する。

◯ 出入国カード(I-736)

45日以内の滞在でグアムビザ免除プログラムを利用する場合は、「I-736」の出入国カードに黒または青のボールペンで必要事項をローマ字の大文字で記入する。1人につき1枚の提出が必要。
I-736は、機内で配られる用紙に記入するか、渡航前にオンラインでプリントアウトしたものにサインして係員に提出する。なお、出発7日前より前に印刷したものは無効となるので注意。

出入国カードの記入例

❶…どちらかにチェック
❷…姓(パスポートの記載通り)
❸…名(パスポートの記載通り)
❹…他に用いている名前がある場合記入
❺…生年月日(月/日/西暦年)
❻…生まれた市町村
❼…生まれた国
❽…性別
❾…国籍
❿…マイナンバー
⓫…パスポート番号、発行国、発行日(月/日/西暦年)、
　　有効期限(月/日/西暦年)
⓬〜⓱…該当する回答を記入

⓲…個人の連絡先
⓳…グアム滞在中の住所(宿泊ホテルを記入)
⓴…アメリカ国内外での緊急連絡先
㉑〜㉙…該当する回答を記入
㉚…メールアドレス
㉛…署名
㉜…グアム入国の日付(月/日/西暦年)

税関・検疫申告書

申告対象品目を所持していなくても、例外なくデジタル税関申告書もしくは紙の税関・検疫申告書に記入し提出する。
家族で1枚でOK。世帯ごとに代表者が家族全員分を記入する。

出入国カードの記入例

❶…日付(日／月／西暦年)　❷…航空会社と便名
❸…搭乗地(NARITAまたはTOKYO、OSAKAなど)
　　(乗り継ぎの場合はチェック)
❹…姓／名
❺…生年月日(日／月／西暦年)
❻…同伴家族の人数(代表者本人を含む)
　　(該当人数を塗りつぶす)
❼…グアムでの滞在先(ホテル名を記入)
❽…パスポート発行国名／パスポート番号
❾…居住地(該当するところを塗りつぶす)
❿…持ち込み物品の内容(はい／いいえをチェック)
⓫…グアムの知人へのお土産がある場合や免税範囲を超える
　　物品がある場合に記入
⓬…日付(日／月／西暦年)
⓭…ローマ字でサイン

事前に用意しておこう

●グアムデジタル税関申告書
従来、紙で配布していた税関申告書をデジタル化した
もの。到着の72時間前から申請可能なので、出国前に
手続きし二次元コードを作成しておこう。申請は1家族
につき1申請。代表者名と家族全員の人数を記入すれ
ばOK。
🔗cqa.guam.gov(日本語選択可能)

実践カンタン会話

旅行の目的は何ですか？
What is the purpose of your visit?
ワット イズ ザ パーパス オブ ユア ビジット?
観光です
Sightseeing.
サイトシーイング

どこに滞在しますか？
Where are you staying?
ウェア アー ユー ステイング?
ホテルニッコーグアムです
Hotel Nikko Guam.
ホテル ニッコー グアム

どのくらい滞在しますか？
How long do you stay?
ハウ ロング ドゥー ユー スタイ?
4日間です
4 days.
フォーデイズ

食べ物を持っていますか？
Do you have any food?
ドゥー ユー ハブ エニィ フード?
持っていません
No
ノー

パスポートを見せて下さい
May I see your passport, please?
メアイ スィー ユア パスポート プリーズ
はい、これです
Here it is.
ヒァ イティズ

グアムは初めてですか？
Is this your first visit to Guam?
イズ ディス ユァ ファースト ヴィズィット トゥ グアム
はい、初めてです
Yes, it's my first visit.
イエス イッツ マイ ファースト ヴィズィット

空港～グアム中心部への交通

空港からグアム中心部への移動手段は3つある。
いずれも10～15分程度で中心部に行くことができる。

ラッテ・ストーンの形を模した建物

○ グアム国際空港 MAP 別冊 P5A3

Guam International Airport

ターミナルは地上3階、地階1階建て。地階は到着フロア、1階はチェックインカウンターが並ぶフロア、2階は到着した人たちが向かう入国審査、搭乗ゲート、出発する人たちが利用するショップやレストランがある。

○ 空港内の主な施設

○ 免税店

出発の際に2階で手荷物検査を終えると、すぐ目の前が免税店。規模は小さいもののおみやげ品からブランドまで揃っている。ラストショッピングを楽しもう。

○ 飲食店

1階…いちばん東側にコーヒーショップがある。
2階…手荷物検査前にコーヒーショップがあるほか、中にはおにぎりや軽食類のショップが並ぶフードコートも。搭乗ゲートの並びには飲食店も並んでいる。

うどんやおにぎりなど軽食の店が並ぶフードコート(2階)

○ 両替所／ATM

日本語OKのATM。(2階)

地階…フロアに出て右奥に両替所がある。
1階…各航空会社のチェックインカウンターのはずれにATMがある。
2階…手荷物検査を終えた搭乗ゲート9番近くの通路に両替所があるほか、近くに日本語OKのATMもある。

○ ネット環境

ターミナル内では、無料のWi-Fiが使用できる。

○ レンタカーデスク

税関を出ると左右にレンタカーカウンターが並ぶ(ハーツ、ニッサン、エイビスなど)。深夜に到着しても営業しているので心強い。(レンタカー会社詳細→P60参照)

空港のレンタカーカウンターは、24時間営業で便利

○ タクシーカウンター

税関を出て左側のWEST出口にあり、タクシーが待機しているので待たずに乗車できる。カウンターの後ろには料金表があり、料金の確認もできる。

○ 交通早見表

交通機関		特徴	料金(片道)
ホテルの送迎車		あらかじめ宿泊ホテルに予約をしておけば迎えにきてくれる。スタッフが到着フロアで名前を書いたボードを持って待っている。	有料の場合が多い(ホテルにより異なる)
タクシー		タクシーカウンターで頼めば、待機しているタクシーを回してくれる。	ホテルがタモンなら$30程度。チップは料金の10～15%。スーツケースを運んでもらった場合は1つにつき$1
レンタカー		空港地階のレンタカーデスクでレンタカーを借り、自分でホテルへ。事前予約がおすすめ。	コンパクト・エコノミークラスで1日$50～

※所要時間は目安。道路の混雑状況により異なる。ツアー参加者はツアーバスが送迎してくれることが多い。
各宿泊ホテルを回り、順番にツアー客を降ろしていく。詳細は事前に確認を。

空港案内図

○ 2階 (出発/到着)

到着した人は一度3階に上がり、2階に下りて入国審査へ。
出発する人は手荷物検査を終えたら搭乗ゲートへ。
出国する人のみ利用可のショップが並ぶ。

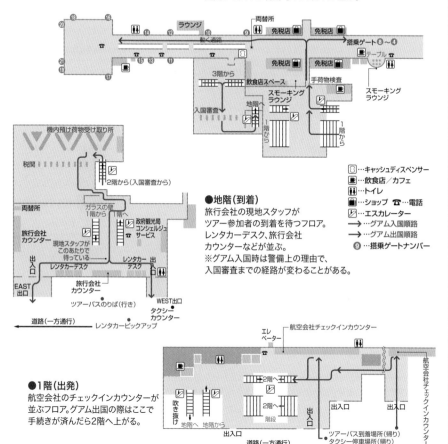

●地階 (到着)

旅行会社の現地スタッフが
ツアー参加者の到着を待つフロア。
レンタカーデスク、旅行会社
カウンターなどが並ぶ。
※グアム入国時は警備上の理由で、
入国審査までの経路が変わることがある。

🏧	…キャッシュディスペンサー
▣	…飲食店／カフェ
🚻	…トイレ
▣	…ショップ ☎…電話
🛗	…エスカレーター
→	…グアム入国順路
→	…グアム出国順路
⑨	…搭乗ゲートナンバー

●1階 (出発)

航空会社のチェックインカウンターが
並ぶフロア。グアム出国の際はここで
手続きが済んだら2階へ上がる。

所要時間	運行時間	問合先
15分程度(ホテルによって異なる)	ホテルによって異なる	各ホテルに問合せを
ホテルまで直行なのでタモンなら15〜20分程度	随時	ミキタクシーサービス ☎(671) 646-2444 💻 www.mikitaxiguam.com/jpn/
手続きさえ済めば時間はかからない。ホテルの場所がわかっていればタモンまでなら10分程度	24時間	各レンタカー会社の問合先はP60参照

プチ情報 2階にはフードコートやスモーキングラウンジがある。
また、地階にはグアム政府観光局のコンシェルジュサービスもある。

旅のキホン

通貨や気候、通信環境などの現地事情は事前にインプット。また、マナーや習慣など日本と異なることも多い。

 travel

○ 通貨

グアムの通貨はUSドル(US$、補助単位はセント¢。$1=¢100)。主に流通しているのは写真の紙幣6種類と硬貨4種類。紙幣は偽造対策として、順にデザインを変更している。どの紙幣も色とサイズが同じなので、使用するときは要注意。硬貨は¢1、5、10、25で、それぞれペニー、ニッケル、ダイム、クォーターと呼ばれる。

¢50と$1の貨幣もあるが、ほとんど市場に流通していない。チップとしてよく使う$1紙幣は常に用意しておこう。現金のほかにはクレジットカード、国際キャッシュカードなどが使える。

$1≒150円 (2023年11月現在)

 $1
 $5
 ¢1 ペニー

 $10
 $20
 ¢5 ニッケル

 $50
 ¢10 ダイム

 $50
 $100
 ¢25 クォーター

○ 両替

グアムで両替は、空港や銀行、ホテルなどでできるが、日本円からUSドルへの両替なら日本の空港で行うのが便利。
ショッピングセンターなどにはATMもあり、クレジットカードで現金を引き出せる。
なお、現金への両替は必要最小限にして、クレジットカードを使うのがおすすめだ。

空港	銀行	両替所	ATM	ホテル
当座の現金を	レートがよい	近年は減少	24時間使える	安全&便利
地階の到着フロアと2階にある。一般的にレートもよくない。手数料も高いので当座の現金を両替するのがおすすめ。	レートはいいが営業時間が短く、土・日曜、祝日が休みになるのが難点。特にグアム銀行は支店やATMが多いので便利。	かつてはショッピングセンターや街なかにいくつも両替所があったが、ここ数年で減少。現在ショッピングセンターにもほぼない。	ショッピングセンターやホテルなどに設置されている。1回に引き出せる金額は$20〜200で、ATMやカードにより異なる。	フロントで気軽に両替でき、安全で便利なのが利点。ただし宿泊者のみの対応というホテルが多く、レートはよくない。

これも知っておこう

● 使い残したドルはどうする?

日本へ帰国した後でも、紙幣は円に両替できるが、コインは両替不可なのでなるべく使いきるのがベスト。次の旅行の予定があればとっておいてもいい。

○ ATMお役立ち英単語集

● 暗証番号…PIN/ID CODE/SECRET CODE
● 確認…ENTER/OK/CORRECT/YES
● 取消…CANCEL
● 取引…TRANSACTION
● 現金引出…WITHDRAWAL/CASH ADVANCE/GET CASH
● 金額…AMOUNT
● クレジットカード…CREDIT CARD/cash in advance
● 預金(国際デビット、トラベルプリペイドの場合)…SAVINGS

 プチ情報　グアムに消費税はないが GRT (Gross Receipts Tax) とよばれる売上税(事業者が支払う税額)が料金や商品価格に含まれている。輸入品については関税がかからない。

⚫ グアムの祝祭日とイベント

主な祝祭日

- 【1月1日】…元日
- 【1月15日】…キング牧師の生誕記念日※
- 【2月19日】…大統領の日※
- 【3月4日】…グアム発見記念日※
- 【3月29日】…グッド・フライデー※
- 【3月31日】…イースター(復活祭)※
- 【5月27日】…戦没者追悼記念日※
- 【7月4日】…アメリカ独立記念日
- 【7月21日】…グアム解放記念日
- 【9月2日】…労働者の日※
- 【10月14日】…コロンブス・デー※
- 【11月2日】…死者の日
- 【11月11日】…復員軍人の日
- 【11月28日】…サンクス・ギビング・デー※
- 【12月8日】…カマリン婦人記念日
- 【12月25日】…クリスマス

主なイベント

- 【4月13日】…グアム・ココ・キッズ・ファンラン※
- 【4月14日】…グアム・ココ・ロードレース※
- 【5月18日】…グアム・マイクロネシア・アイランド・フェア※
- 【5月24~26日】…アガット・マンゴー・フェスティバル※
- 【7月21日】…グアム解放記念イベント※
- 【12月31日】…ニューイヤーズイブ花火大会

※の祝祭日やイベントの日程は年によって変わります
(特に記載のあるもの以外は2024年の予定)

⚫ 気候とアドバイス

乾季 [1~5月]
12月から雨が少なくなり、雨が降っても5~10分程度の軽いスコール。3月ごろから日差しが一層強くなり、4~5月は一年中で花が最もきれいな時期。5~6月は一番日差しが強く暑い時期なので、日射病や熱中症、日焼けに充分注意を。

雨季 [6~12月]
6月中~下旬ごろから雨季に入り、7月には本格的に。強い雨が続く日もあるが、基本的には雨が降ったり上がったりの繰り返し。年間をとおして台風にも注意が必要。台風の場合は、ホテルのフロントなどに状況が張り出されるので確認を。

適した服装
乾季は帽子・サングラスは必携。乾季も雨季も服装は日本の夏と同様でいいが、室内は冷房が強いので、ディナーなどの際には羽織るものがあると便利。

⚫ 平均気温と降水量

	1 January	2 February	3 March	4 April	5 May	6 June	7 July	8 August	9 September	10 October	11 November	12 December
グアム平均気温℃	27.1	27.0	27.5	28.1	28.5	28.6	28.0	27.7	27.6	27.8	28.1	27.8
東京平均気温℃	5.4	6.1	9.4	14.3	18.8	21.9	25.7	26.9	23.3	18.0	12.5	7.7
グアム降水量mm	119	92	72	81	115	139	294	413	377	320	199	127
東京降水量mm	60	57	116	134	140	168	156	155	225	235	96	58

【プチ情報】一般にグアムの台風シーズンは6~10月。それ以外の時期に上陸することもあるので注意したい。ホテルでは張り紙などで注意をよびかけてくれるので、指示に従おう。

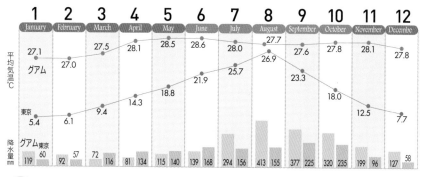

○ 電話のかけ方

●自分のスマホや携帯からかける場合…機種や契約によってかけ方や料金体系がさまざま。日本出国前に確認しておこう。
●ホテルの客室からかける場合…最初に外線番号を押し、その後に相手の番号をダイヤルする(ホテルによって異なる)。手数料を取られることがある。
●公衆電話からかける場合…通常￠25などのコインを使用。ホテルやショッピングセンターにはクレジットカードを利用して国際電話をかけられる公衆電話もある。

グアム→日本

011 [国際電話識別番号] –81 [日本の国番号] -市外局番 [最初の0はとる] -相手の電話番号

日本→グアム

010 [国際電話識別番号] –1 [アメリカの国番号] –671 [グアムの市外局番] -相手の電話番号

グアム島内通話

グアムの市外局番(671)を含めた10桁でかける。公衆電話でのグアム島内通話なら1通話25￠。

○ インターネット事情

街なかで

グアム国際空港(→P130)やホテルのロビー、主要ショッピングモールなど、市内でWi-Fiを利用できるところは多い。最近はWi-Fiを利用できる飲食店も増え、ますますネット環境がよくなった。知りたい情報を入手したい時にとても便利だ。

宿泊先で

ホテルの場合、部屋にWi-Fi(ホテルによっては有料)を完備しているところが多く、自分のスマホやパソコンで使用できる。

自分のスマホをグアムで使用する

出入国の手続きや予約、地図アプリの利用など、海外旅行でもスマホは必需品。日本で使っているスマホをそのまま使用する場合、利用している通信会社の海外用プランや設定方法を出発前に必ず確認しておこう。グアムでは、データ通信料の高額請求を避けるため、「データローミング」はOFFに設定する(設定方法は各通信会社に確認を)。メールを見たりウェブサイトを閲覧する場合にはWi-Fi機能をONにすれば公共のWi-Fiを利用できる。頻繁にインターネットを使用するなら、レンタルWi-FiやプリペイドSIMカードなどを利用するのがいい。

○ 郵便・小包の送り方

郵便

はがきや封書、切手は郵便局のほかホテルのフロントでも購入できる。宛て先の「JAPAN」と「AIR MAIL」のみ英語で記入すれば、ほかは日本語でもOK。投函は郵便局、ポスト、ホテルのフロントで。小包で比較的早く届くのはプライオリティメール・エクスプレス・インターナショナル。宛て名は日本語でもOKだが、「JAPAN」と必ず書くように。差出人は自分の名前とホテル名をローマ字で記入。ともに日本へ届くのは1週間ほどが目安。
【タムニング郵便局】8時30分～15時30分(土曜は12～15時) 日曜、祝日 付録MAP P8A4

ポストはグアム島内及び近隣の島や国用と、アメリカ本土用の2つ。日本へはグアム島内と同じ方に入れる

宅配便

DHL、FedExなどの国際宅配便が便利。電話をすればホテルまで荷物を取りに来てくれる。通常、日本まで4～6日ほどで届く。

○ 国際宅配便会社

DHL (ティジャン)	☎(671) 646-1765 8～17時(土曜は～12時) 休日曜
FedEx (ティジャン)	☎(671) 648-4000 8～17時(土曜は～12時) 休日曜

プチ情報 自分のスマホから日本へ電話したり、グアムで友だちと連絡を取り合ったりする場合に便利なのが、LINEなどの通話アプリ。Wi-Fi環境があれば無料で通話できるので活用したい。

● その他の基本情報

飲料水

水道水は飲用できるが、石灰質が多いのでミネラルウォーターがベター。スーパーやコンビニなど、どこでも販売しているので旅行中でも常備しておくといい。

プラグと変圧器

グアムの電圧は110〜120V(60Hz)。日本は100V(50または60Hz)なので、短時間なら小型の電化製品等はそのまま使用できる(コンセントは3穴だが日本のプラグも使用可)。ただし長時間使用すると故障しかねないので、変圧器を持参したほうが無難。

トイレ

公衆トイレはほとんどないので、ショッピングモールやホテル内のトイレを利用しよう。ビーチではマリンハウスのトイレを使うとよい。

ビジネスアワー

グアムでの一般的な営業時間帯。店舗によって異なる。

銀行	時9〜16時 休土・日曜、祝日(支店によっては土曜も営業)
ショップ	時10〜19時頃(店によって異なる)
デパート	時ランチ11〜14時、 ディナー17〜22時(店によって異なる)

サイズ・度量衡

● レディスファッション

衣料

日本	7	9	11	13	15
グアム	4	6	8	10	12

靴

日本	22	22.5	23	23.5	24	24.5
グアム	5	5 1/2	6	6 1/2	7	7 1/2

● メンズファッション

衣料(シャツ)

日本	36	37	38	39	40	41	42
グアム	14	14 1/2	15	15 1/2	16	16 1/2	17

靴

日本	24	24.5	25	25.5	26	26.5	27
グアム	6	6 1/2	7	7 1/2	8	8 1/2	9

※上記のサイズ比較表はあくまで目安。メーカーなどにより差があるので注意

長さ

1インチ	約2.5cm
1フィート	約30.5cm
1ヤード	約90cm
1マイル	約1.6km

重さ

| 1オンス | 約28g |
| 1ポンド | 約453g |

グアムの物価

ミネラルウォーター
(500ml)
$1程度

マクドナルドの
ハンバーガー
$1.50〜

コーヒー
$4程度

ビール
$3〜

タクシー
(最初の1マイル)
$5.60〜

 プチ情報　グアムにはチップを渡す習慣がある。ホテルやレストランではチップを忘れないように。ルームメイドには1人1泊につき$1〜2程度。タクシーやレストランでは料金の15%程度を。

シチュエーション別基本情報

ショッピング

○ 盗難と間違えられないように！

スーパーやアウトレット、ディスカウントストアなどの大型店舗では、出口に盗難防止用のセンサーを設置している店が多く、うっかりとはいえ商品を持ったまま店外に出ると盗難と間違われることもあるので要注意。

○ 午前中から昼過ぎが狙い目

営業時間は店舗によって異なるが、10〜20時前後が一般的で、比較的店が空いているのは、平日の午前中から昼過ぎ。スーパーやディスカウントストアは24時間営業という店も多いので重宝する。ショッピングモールやアウトレットなどの大型店は無休のところが多い。

○ 現金かクレジットカードで

一般的には商品をレジに持っていって精算するが、ブランドショップなどではスタッフが商品を預かり、レジで精算する場合もある。Tギャラリア グアム by DFSでは日本円も使えるが、ほかはUS$の現金かクレジットカードでの精算を。

グルメ

○ 最低限のマナーを守り、服装にも注意

大声でしゃべったり、大笑いをしたり、他人に迷惑をかけない程度のマナーで充分だが、ホテル内のレストランではディナータイムに限り、Tシャツ、短パン、ビーチサンダルなどは避け、襟つきシャツやワンピースなど清潔感のある服装で。

○ 営業時間と定休日

一日をとおして営業する店は少なく、ディナーだけという場合も多い。営業時間は朝7〜10時、ランチ11〜14時、ディナー17〜22時が目安。観光客が多い店、ホテル内のレストランは無休のところがほとんどだが、ローカル相手の店は日曜定休が多い。

○ 人気店は事前予約を

人気店や混雑店のディナータイムは、できるだけ予約をしておくと、待ち時間がなく快適に利用できる。特にサンセットを眺められるレストランや、眺めのいい席は事前に予約しておきたい。予約ができなかった場合は、ディナータイムの開始直後など、早めの時間の入店がねらい目だ。

○ ホテルビュッフェは家族で行くとお得

バラエティ豊かな料理が並び、好きな料理を楽しめるホテルビュッフェ。子ども料金が設定され、4〜5歳までは無料というところも少なくないので、小さな子どものいる家族におすすめ。ディナーは混雑するので早めに予約を。

ホテル

○ チェックイン／チェックアウトの目安は？

チェックインは14時頃、チェックアウトは11時頃が一般的。ツアーの場合は現地係員がチェックインを済ませてくれる場合がほとんどだが、個人旅行の場合は各自フロントでチェックインを。深夜到着の便を利用する場合は、到着前日からの予約を入れること。ツアーの場合でも精算が必要なのでチェックアウトは各自で済ませる。

○ 目的に合わせた部屋選び

同じホテルでもオーシャンフロント（部屋から正面に海が見える）、オーシャンビュー（部屋から海を眺められる）、シティビュー（街側）などの条件によって料金もさまざま。眺めがいい分、やはりオーシャンフロントが高めになる。各自の旅のスタイルに合わせて部屋選びをしよう。

○ パブリックスペースは禁煙！

基本的にパブリックスペース、レストラン、ホテル、ビーチでの喫煙は不可。ホテルはベランダでなら喫煙可能という場合もある。ベランダでも禁煙の場合もあるので予約の際に確認を。また、レストランやバー、居酒屋などでは、テラス席やオープンスペースでなら喫煙可のところも。禁煙場所での喫煙には$100以下（1回目）の罰金が課せられるので注意。

アクティビティ

○ マリン・アクティビティの注意点

ジェットスキー、パラセイリング、アクアウォークなどさまざまなタイプのアクティビティが揃うが、いずれも水着、タオルは各自持参すること。また、ビーチは紫外線が特に強く、日焼けが心配。こまめに日焼け止めを塗ったり、日射病にならないように帽子やサングラスを用意したり、時々木陰に入るのがおすすめ。汗をかいたときには水分補給を忘れずに。また最近はビーチでの水難事故も増えている。準備運動をしっかりとし、無謀な遊びは控えるようにしよう。

ナイト

○ 21歳未満は飲酒禁止！

ホテル内のラウンジやバーはともかく、街なかのバーは入店する前に必ず料金の確認を。納得がいかない場合は入店するのをやめ、女性一人で行くのも控えたい。グアムでは午前2〜8時はアルコール飲料を販売・提供できないため、その時間に営業しているような店は用心。また、21歳未満はアルコール飲料の飲酒・購入が禁止されている。

 プチ情報 グアムのレストランはドレスコードにそれほど厳しくない。ただし、少し高級なレストランに行く際は、ショートパンツやビーチサンダルなどは控えよう。

トラブル対処法

グアムは比較的治安はいいが、観光客を狙った置き引きやひったくりがないわけではない。もし盗難の被害に遭ったら、残念ながら戻ってこないと考えたほうがいい。速やかに対処しよう。

病気になったら

まずはホテルのフロントに相談を。日本語が通じる医療機関を紹介してくれたり、MAIの日本語ヘルプサービス(→右記)につないでくれることも。出国前に海外旅行保険に加入しておくと安心。診察後は診断書と領収書を必ずもらうこと。いざという時のために普段から使いなれた薬を持参するとよい。

海外旅行保険は必須

万一のケガや病気に備えて海外旅行保険には加入を。インターネットで申し込める保険会社や、空港で加入することもできる。クレジットカード付帯の海外旅行保険は、補償内容と適用条件の確認を。

盗難・紛失の場合

○ パスポート

すぐに警察に届けて盗難・紛失証明書を発行してもらい、在ハガッニャ日本国総領事館へ。必要書類を揃えてパスポートの失効手続きを行う。詳細は総領事館のウェブサイトを参照。

○ クレジットカード

カード発行会社へすぐに連絡をし、カードを無効にする。カード番号と有効期限が必要なので事前に控えておこう。警察に届けを出して盗難・紛失届受理証明書を発行したあと、カード会社の指示に従って対処する。

トラブル対策

●ホテルに戻る途中に突然2人組の犯人に襲われ、
現金などが入ったバッグを奪われ、軽傷を負った。
⇒外出する際になるべく多額の現金は持ち歩かず、
　クレジットカードを利用しよう。
●見知らぬ人に写真を撮ってあげると声を
かけられたが、拳銃で脅され、現金などを奪われた。
⇒日本語で話しかけられても安易に信用せず、
　簡単に付いて行かないように注意しよう。
●車から降りてきた犯人に殴られ、
現金の入ったポーチなどを奪われた。
⇒自分が狙われているかもしれないという意識を持ち、
　近付いてきた車には充分注意しよう。

旅行前にチェック!

外務省海外安全ホームページで、渡航先の治安状況、日本人被害の事例を確認することができる。
🌐 www.anzen.mofa.go.jp/

旅の便利帳

[グアム]

●在ハガッニャ日本国総領事館
☎ (671) 646-1290/5220　付録MAP P8A4
🌐 www.hagatna.us.emb-japan.go.jp

●マイクロネシア・アシスタンス・インク(MAI)
病気や事故などの救急対応が必要な場合、24時間
日本語対応してくれる
☎ (671) 649-8147　付録MAP P9C3
🌐 www.maiguam.com/ja

●グアム旅行者クリニック
☎ (671) 647-7771 (受付8〜19時)
付録MAP P11C3
🌐 www.guamclinic.com

●警察・消防車(救急車)
☎911

●カード会社緊急連絡先
・VISA (クレジットカード
　紛失時のお手続き)

・JCB (JCB紛失・盗難海外
　サポート)

・Mastercard
　(お手持ちのMastercardに
　関するお問い合わせ)

・アメリカン・エキスプレス
　(カードの紛失・盗難時に)

[日本]

●在日米国大使館
🌐 jp.usembassy.gov/ja

●政府観光局
グアム政府観光局(東京)
🌐 www.visitguam.jp

 プチ情報　グアムでは、ホテルの部屋などに12歳以下の子供を放置する行為は短い時間であっても違法。
処罰の対象となるので充分に注意しよう。

書き込んで使おう 旅じたくmemo

まずは、気候とアドバイス（→P133）を参考に、服装と持ち物を決めよう。
日本出発までに便利memo欄も記入。おみやげリストも考えておきたい。

⭕ 預け入れ荷物リスト

☐ **くつ**
歩きやすいフラットシューズ以外に、
お出かけ用シューズもあると便利

☐ **バッグ**
朝食や夕食時に財布や携帯だけを
入れて持ち歩けるサイズのもの

☐ **衣類**
重ね着しやすい、シワになりにくい
素材を選ぼう

☐ **下着類**
上下3セットほど用意し、現地で
洗濯してもいい。靴下も忘れずに

☐ **歯みがきセット**
歯ブラシ、歯みがき粉はアメニティに
含まれないホテルも多い

☐ **洗顔グッズ**
メイク落とし、洗顔フォームなど

☐ **コスメ**
ファンデーション、リップ、
アイシャドウ、チーク、
アイブロウなど

☐ **日焼け止め**
日射しの強い夏はSPF値の
高いものを用意

☐ **バスグッズ**
ボディソープなどはホテルにも
あるので、こだわりがなければ不要

☐ **スリッパ**
折りたためるトラベル用スリッパや
使い捨てスリッパが便利

☐ **常備薬**
下痢止め、腹痛、カゼ薬など。
うがい薬もあるとよい

☐ **生理用品**

☐ **プラグ変換機、充電器、充電池**
短時間であれば、日本のものが使用
可能だが、変圧器内蔵の海外旅行用
の機器を持っていくと安心。日本の
プラグは使用できる。

☐ **エコバッグ**
小さくたためるコンパクトなものが
便利

☐ **折りたたみ傘**
旅行時期が雨季にあたる場合は
レインコートも

☐ **水着**
現地調達もアリ（→P68）

☐ **サンダル**
防水のものがベター

☐ **サングラス**

☐ **帽子**

洗濯グッズ、折りたたみ
ハンガーなどもあると便利。
デリやスーパーで食材を
調達予定の人は、はしや
使い捨てフォークも
忘れずに

エコバッグのほかに、
濡れた物や液体物を購入した
際に備え、ビニール袋も
何枚か入れておこう

機内への無料預け入れ荷物には、
重量やサイズの制限がある。
航空会社によって異なるので、
詳細は確認を。
また、預け入れ荷物は
航空機への出し入れの際に
破損してしまうことも。念のため、
スーツケースベルトが
あるとよい。

荷物の仕分けには
ナイロンポーチや保存用の
小袋を活用しよう。
衣類のパッキングには
風呂敷も使える

スーツケースの
底側に、重たい荷物
（シューズやバスグッズ
など）を入れよう

SOAP

⭕ 手荷物リスト

- ☐ **パスポート**
  絶対に忘れずに！
  出発前に再確認を
- ☐ **クレジットカード**
- ☐ **現金**
  現地通貨への両替分
  以外に、日本で使用する
  交通費分も忘れずに
- ☐ **デジカメ**
  バッテリー、メモリーともに
  予備も準備しよう
- ☐ **スマホ**
  (充電器も忘れずに)

- ☐ **ボールペン**
  入出国カードや税関・検疫申告書
  の記入で必要
- ☐ **ツアー日程表**
  (航空券／e チケット控え)
- ☐ **ハンカチ**
- ☐ **リップバーム(リップクリーム)**
- ☐ **ストール／マスク**
  (必要な人のみ)
  機内は乾燥しているので
  マスクがあると便利

両手がふさがらない、
肩から下げられる
バッグがオススメ

⭕ 手荷物にできないもの

液体類の機内持込みには制限がある(→P126)。ヘアスプレーなどのエアゾール類、リップバームなどのジェル状のものやウェットティッシュも液体物に含まれるので注意しよう。また、はさみなど刃物類は持込みが禁止されているので、機内で使わないものは極力スーツケースに入れるようにしよう。

機内で入国書類や
申告書を記入する
際に使おう

⭕ 便利memo

パスポートNo.	フライトNo.行き
パスポートの発行日	フライトNo.帰り
パスポートの有効期限	出発日
ホテル	帰国日

⭕ おみやげリスト

あげる人	あげるもの	予算

グアム旅のお役立ちtips

グアムの旅をめいっぱい楽しむために、知っておきたいお役立ち情報をご紹介！
旅行前の準備と滞在中のちょっとした注意で、旅はグンと快適になる。

旅行前の準備

1 アクティビティの予約は日本で

体験したいアクティビティの予約は、出発前に日本で行うのがベター。ただし天候や海の状況によって時間変更や催行中止になるケースもあるので、過密スケジュールは避けたい。アクティビティによっては帰国前日～当日は参加できないものもあるので注意。

2 レンタルWi-Fiがあると便利

グアムでは多くのホテルが無料 Wi-Fi を提供しているが、大容量データのやり取りには時間がかかる。島内のショッピングモールや飲食店も Wi-Fi 環境はあるものの、速度が遅くセキュリティ面も不安。快適なネット環境を確保したいなら、日本でレンタル Wi-Fi を借りたり、プリペイドSIMカードを利用するのがおすすめだ。

グアム滞在中の注意

3 空港からは送迎サービスが便利

空港⇔ホテル間の移動は、多くのパッケージツアーには乗合い送迎が付いているが、個人旅行の場合は自分で手配する必要がある。グアムのホテルでは有料の送迎サービス行っているところも多いので、確認してみよう。待ち時間なくスムーズに移動できるので快適だ。

4 現金よりカード払いを優先

コロナ禍で現金離れが進んだのは世界共通。グアムはクレジットカードの通用度が高く、少額の支払いでも難なく使える。ATM で現地通貨を引き出すことも可能。現金はチップやカード不可の店での支払い用に最低限用意するだけにし、多額の現金を持ち歩かないのが安全だ。

5 年齢確認のためID提示が必要

グアムでの飲酒・喫煙は 21 歳から。 実年齢より若く見られがちな日本人は、お酒を注文したり購入するときに、身分証明書の提示を求められることも多い（持っていないと購入できない）。特にバーなどへ行く際は、パスポートなど年齢が確認できる身分証明書を忘れずに。

6 エコバッグは旅の必須アイテム

グアムでも日本同様、レジ袋が使用禁止になっている。忘れてしまった場合は、初日にエコバッグを 1 つ購入しておこう。スーパーやコンビニで買える大容量かつ防水性のあるエコバッグは、安くて優秀。ビーチやプールへ遊びに行くときにも重宝する。

7 ビーチでの飲酒は禁止！

南国の空の下、海を見ながらビールを飲みたくなるが、グアムでは法律違反。ビーチや公園など、公共の場所での飲酒は禁止されている。ビーチ・パーク付近の看板には「Alcohol Free Zone」とあるが、これは「飲酒禁止区域」の意味。自由に飲酒できる区域ではないのでご注意を。

8 食べきれなかったら持ち帰りOK

グアムのローカルごはんはとにかく量が多い。1 人前が日本の 1.5 人前くらいを覚悟して、上手にシェアするといい。もしも食べきれなかったらお持ち帰りが可能。持ち帰り用の容器を持ってきてくれたり、包んでくれたりするので、遠慮せずにスタッフにお願いしてみよう。

index

index

ララチッタ
グアム
Guam

2024年2月15日	初版印刷
2024年3月 1日	初版発行

編集人	福本由美香
発行人	盛崎宏行
発行所	JTBパブリッシング
	〒135-8165
	東京都江東区豊洲5-6-36
	豊洲プライムスクエア11階

企画・編集	情報メディア編集部
編集担当	山﨑美波
編集・取材・撮影	SALAD BOWL
	ジュニパーベリー
	（杉本麻美那／高木有香／神山彩子／緒見友香）
	リープコーポレーション／スティーブ・ハーディー
アートディレクション	BEAM
本文デザイン	BEAM／エストール／BUXUS（佐々木恵理）
	RIDE MEDIA & DESIGN
	宇都宮久美子／花デザイン
	ブリュッケ（佐藤舞／牧村玲）
表紙デザイン	ローグ　クリエイティブ（馬場貴裕／西浦隆大）
シリーズロゴ	ローグ　クリエイティブ（馬場貴裕／西浦隆大）
編集・写真協力	リープコーポレーション／ミケハラ編集室
	タンドリーチキン
	（久島亜矢／東福寺緑／三原靖）
	勅使河原葵／武藤春之介／塚田比呂子
	ライフプランニング／山田美恵
	グアム政府観光局／フィッシュアイマリンパーク
イラスト	落合恵
地図製作	アトリエ・プラン／ジェイ・マップ
組版	佐川印刷
印刷	佐川印刷

編集内容や、乱丁、落丁のお問合せはこちら

JTBパブリッシング お問合せ

https://jtbpublishing.co.jp/contact/service/

おでかけ情報満載
https://rurubu.jp/andmore/

ここからはがせます♪

Lala Citta Guam
Area Map

グアム
付録MAP

MAP記号の見方

H ホテル	♀ バス停
🛈 観光案内所	Street=St.
🏛 日本国総領事館	Road=Rd.
✈ 空港	Drive=Dr.
Ⴔ 銀行	Highway=Hwy.
⊕ 郵便局	Avenue=Ave.
田 病院	Place=Pl.
⊗ 警察	Freeway=Fwy.
◆ 学校・市役所	Point=Pt.
⛪ 教会	Island=Is.

グアム全体図

N

5km

0

フィリピン海
Philippine Sea

付録P4-5

付録P6-7

パティ岬
Pati Pt.

ラテ岬
Late Pt.

アナオ岬
Anao Pt.

アンダーセン空軍基地
Andersen Air Force Base

サンタローサ山
▲Mt. Santa Rosa

イゴ
YIGO

パガット岬
Pagat Pt.

リティディアン岬
Ritidian Pt.
リティディアン・ビーチ
Ritidian Beach
マチャナオ山
▲Mt. Machanao
184m

アンダーセン空軍基地
（ノースウエスト）
Andersen Air Force Base
(Northwest Field)

米海軍通信基地
US Naval Communication Station

ウルノ岬
Uruno Pt.

ハプト岬
Haputo Pt.
ハプト・ビーチ
Haputo Beach

アグエ岬
Ague Pt.

アンダーセン空軍基地
Andersen Air Force Base

マリン・コープス・ドライブ
Marine Corps Dr.

3

9

15

1

8

16

デデド
DEDEDO

タモン
Tumon

タムニング
TAMUNING

バリガダ
BARRIGADA

恋人岬
Two Lovers Point

タモン湾
Tumon Bay

グアム国際空港
Guam International Airport

アガニア湾
Agana Bay

アサン湾
Asan Bay

ハガニア
Hagatna

USOビーチ
USO Beach

カブラス島
アプラ

ファミリー・ビーチ

エリア
Navi
日本の南東約2500kmに位置し、日本から一番近いアメリカがグアム。面積は549kmでミクロネシアでは最大。車で島を一周するのに約3時間。

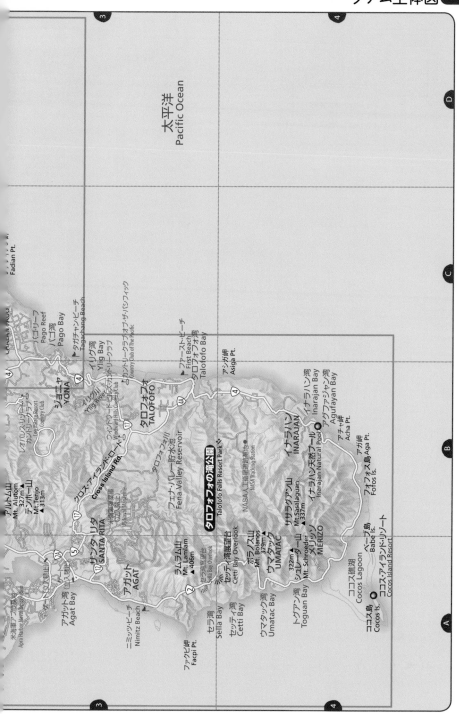

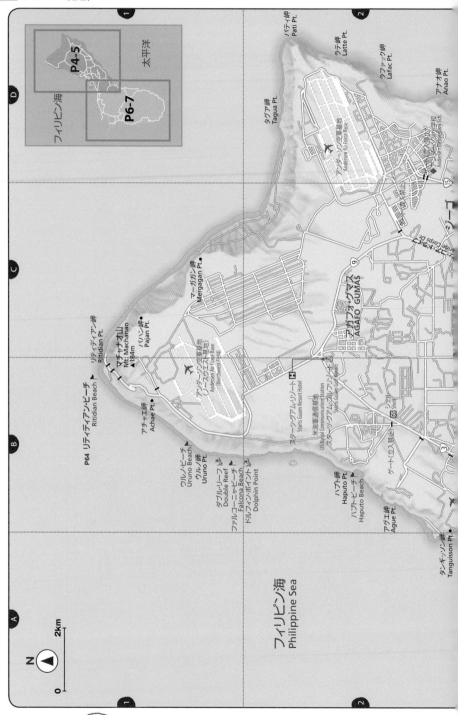

太平洋

フィリピン海

P4-5

P6-7

パティ岬 Pati Pt.
ラテ岬 Latte Pt.
ラファック岬 Lafac Pt.
アナオ岬 Anao Pt.

タグア岬 Tagua Pt.

アンダーソン空軍基地 Andersen Air Force Base

アンダーソン小学校 Andersen Elementary Sch.

マーガガン岬 Mergagan Pt.

リティディアン岬 Ritidian Pt.
マチャナオ山 Mt.Machanao ▲184m
パハン岬 Pajan Pt.

アガフォ・グマス AGAFO GUMAS

アンダーソン空軍基地 ノースウエスト基地 Andersen Air Force Base (NorthWest Fld)

スターツ・グアム・リゾート・ホテル Starts Guam Resort Hotel

米海軍通信施設 US Naval Communication Station
スターツ・グアム・ゴルフ・リゾート Starts Guam Golf Resort

P64 リティディアンビーチ Ritidian Beach

アチャエ岬 Achae Pt.

ウルノ・ビーチ Uruno Beach
ウルノ岬 Uruno Pt.

ダブル・リーフ Double Reef
ファルコーニャ・ビーチ Falcona Beach
ドルフィン・ポイント Dolphin Point

ハプト岬 Haputo Pt.
ハプト・ビーチ Haputo Beach

アゲ岬 Ague Pt.

タンギッソン岬 Tanguisson Pt.

フィリピン海 Philippine Sea

N
0 2km

エリア Navi マリン・コア・ドライブ(A3)沿いは渋滞しやすい。タムニング、ハガニア方面は7〜8時頃、マイク ロネシア・モール方面は16時30分〜18時頃、特に混む。

太平洋
Pacific Ocean

カンティ岬
Mati Pt.

カンティ・ローサ山
Mt. Santa Rosa
Catalina Pt.
Janum Pt.

ルジュナ岬
Lujuna Pt.

グアム・インターナショナルレースウエイ
Guam International Raceway

グアム・アドベンチャーズ P38
Guam Adventures
パガット岬
Pagat Pt.

パガット・ケーブ・ツアー
(アイランドジャーニー・グアム) P40
Pagat Cave Tour (Island Journey Guam)

カンパナヤ岬
Campanaya Pt.

タグアン岬
Taguan Pt.

マンギラオ
ゴルフクラブ
Mangilao Golf Club

マンギラオ
MANGILAO

スカイダイビング(スカイダイブ・グアム) P39
Skydiving (Skydive Guam,Inc.)

ミチガオ山 200m
Mt. Barrigada

セスナ体験操縦(トレンド・ベクター・エビエーション) P39
Cessna Flight Trial (Trend Vector Aviation)

グアム国際空港
Guam International Airport

ヘフト・レンタ・カー P130
Heft Rent-a-Car

ラデラ・タワー
Ladera Tower

ファディアン岬
Fadian Pt.

米海軍通信基地
US Naval Communication Station

ジョージ・ワシントン高校
George Washington High Sch.

グアム大学
University of Guam
イナラス岬
Inalas Pt.

デデドの朝市 P64-66
Dededo Flea Market

マイクロネシアモール
Micronesia Mall

タモン
TUMON

タモン湾
Tumon Bay

ガンビーチ
Gun Beach

バリガダ
BARRIGADA

米海軍病院基地
US Naval Base

ダ・ローカル・グラインド・ハウス P98
Da Local Grind House

トト
TOTO

グラインド・ハウス P98
Grind House

タガチャンビーチ
Tagachang Beach

チャランパゴ
CHALAN PAGO

パゴ湾展望台 P65(パゴ湾)
Pago Bay-Vista Point

パゴ湾
Pago Bay
パゴ岬
Pago Pt.
パゴ・リーフ
Pago Reef

ヨナ
YONA

パゴ川
Pago River

Two Lovers Point

アガニア湾
Agana Bay

ハガニア
ビーチ
Hagatna
Beach

タムニング
TAMUNING

グアム国際空港 付録P8-9
Guam International Airport

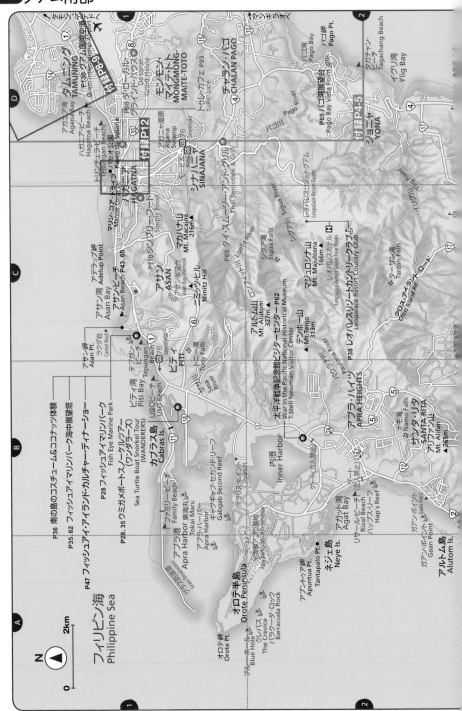

フィリピン海
Philippine Sea

N
0 2km

P36 南の島のコスチューム&ココナッツ体験

P35,62 フィッシュアイアイランド・カルチャー展望塔

P28 フィッシュアイマリンパーク
Fish Eye Marine Park

P28,35 ウミガメボートスノーケルツアー（ワンダラーズ）
Sea Turtle Boat Snorkel Tour
(WANDERERS)

P47 フィッシュアイアイランド・ランチ&ディナーショー

アサン岬 Asan Pt.
アサン湾 Asan Bay
アデラップ岬 Adelup Point
アサンビーチ Asan Beach P43,65

ラクダ岩 Camel Rock

ピティ Piti
セブンティーズ Seventies
ピティ湾 Piti Bay
テプンガン・ビーチ Tepungan Beach
USOビーチ USO Beach
ピティ・ボム・ホール Piti Bomb Holes

カブラス島 Cabras Is.

ファミリービーチ Family Beach
アプラ港 東海岸入口
東海岸丸 Tokai Maru
アプラ・ハーバー Apra Harbor
ギャラガブ・セカンドリーフ
Gagab Second Reef

アプラ港 Apra Harbor
グロス・ブレイクウォーター
Gross Breakwater
奥の院水族館

内港 Inner Harbor

オロテ半島 Orote Peninsula

オロテ岬 Orote Pt.
ブルーホール Blue Hole
ザ・クレバス The Crevice
バラクーダ・ロック Barracuda Rock

アプントゥア岬 Apuntua Pt.
タンタパロ岬 Tantapalo Pt.
アガット湾 Agat Bay
リサールビーチ Rizal Beach
ハップスリーフ Hap's Reef
ネジエ島 Neye Is.

ガアン・ポイント Gaan Point
ガアンポイント公園
アルトム島 Alutom Is.

アガニヤ湾 Agana Bay
ハガニア・ビーチ Hagatna Beach

リンカーン公園 Paseo de Susana

アガニヤ AGANA
マリン・コア・ドライブ
Marine Corps Dr.

付録P12

ハガニア温泉

シナハニャ SINAJANA

マカジナ山 Mt. Macajna 216m▲
ニミッツ・ヒル Nimitz Hill

アサン ASAN

ニミッツヒル
ヴァン・バグルネ

タモン TAMUNING 付録P8.9
グアム国際空港
Guam International Airport

P130 グアム・プレミア・アウトレット

モンモン・マイテ・トト
MONGMONG-MAITE-TOTO

チャランパゴ CHALAN PAGO 付録P4.5
tuRe'カフェ P93

ヨナ YONA 付録P4.5
パゴ湾展望台
Pago Bay Vista Point P65

タガチャン・ビーチ Tagachang Beach
パゴ湾 Pago Bay
パゴ岬 Pago Pt.
イグリ湾 Ylig Bay

パゴ川 Pago River
アサナ湿地 Asana Swamp

タイ・スムースサーフグリル Thai Smoothie Grill P65

シグア川 Sigua River
シグア湾
シグア滝 Sigua Falls

レオパレスリゾートグアム
Leopalce Resort Guam

マジュロシナ山 Mt. Majulosna 166m▲

レオパレススポーツハウス

レオパレスリゾートカントリークラブ P38
Leopalace Resort Country Club

レオパレスリゾートグアムフォーピークス
Leopalce Resort Guam Four Peaks

アルト山 Mt. Alutom 327m▲
ロングビュール Long Hill

テンジョ山 Mt. Tenjo 313m▲

太平洋戦争記念館ビジターセンター P62
War in the Pacific National Historical Museum
T.Stell Newman Visitor Center

コンフィ川 Confit River

ターザン滝 Tarzan Falls
クロスアイランド・ロード Cross Island Rd.

アプラ・ハイツ APRA HEIGHTS

サンタリタ SANTA RITA
アリファン山 Mt. Alifan 265m▲

ナモ滝 Namo Falls

エリア Navi
グアムではドライブの途中に立ち寄れるレストランが少ない。しかし、島内に点在するゴルフ場ではゴルフ客でなくてもレストランの利用ができるので、ちょっと休憩したいときにおすすめ。

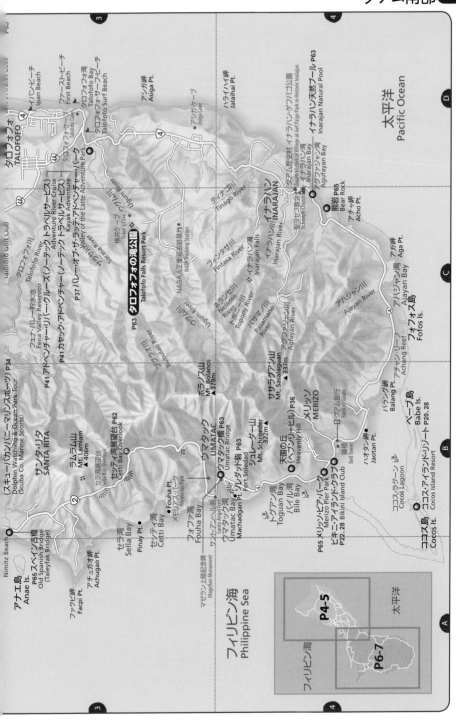

タモン〜タムニング

🏨 星野リゾート リゾナーレグアム P123
Hoshino Resorts RISONARE Guam (A3)

◉ 星野リゾート リゾナーレグアムウォーターパーク P32
Hoshino Resorts RISONARE Guam Waterpark

● ベイビュー ラウンジ
Bay View Lounge

🏨 ヒルトン グアム・リゾート＆スパ P50、122
Hilton Guam Resort & Spa (B2)

◉ アイランダー・テラス P105
Islander Terrace

◉ フィッシャーマンズ・コーブ P103
Fisherman's Cove

● カフェ・チーノ
Caffe Cino

◉ スパ アユアラン P118
Spa Ayualam

🏨 リーガロイヤル・ラグーナ・グアム・リゾート P121
RIHGA Royal Laguna Guam Resort (A2)

● ラ・カスカッタ
La Cascata

● クリフバー オアシス
THE CRIFF BAR OASIS

◉ スパ アユアラン P118
Spa Ayualam

オカ
OKA

フローレス大司教の像

P121 リーガロイヤル・ラグーナ・グアム・リゾート 🏨 ⑪
RIHGA Royal Laguna Guam Resort
B1店舗リスト参照

フローレス大司教の像
Statue of Archbishop Felixberto Flores

ヒルトン グアム・リゾート＆スパ P50、122
Hilton Guam Resort & Spa
A1店舗リスト参照 🏨 ⑩

パリスコ ベーカリー＆カフェ P113
Parisco Bakery & Cafe

ホーネット・スポーツ P37 Hornet Sports

イエローツリー・デザートカフェ
Yellow Tree Desert Cafe

イパオ・ビーチ P
Ypao Beach

ベイレス・スーパーマーケット（オカ店）
Pay-Less Supermarkets

タムニング小学校
Tamuning Elem. School

イパオ・ビーチ・パーク（ガバナー・ジョセフ・フローレス・メモリアル・パーク）P50
Ypao Beach Park (Governor Joseph Flores Memorial...)

P28 スキューバカンパニーマリンスポーツ
Scuba Co. Marine Sports

セント・アンソニー学校
St. Anthony School

聖アンソニー教会
St. Anthony Church

グアム政府観光局 ⑨
Guam Visitors Bureau

P123 星野リゾート リゾナーレグアム 🏨 ⑫
Hoshino Resorts RISONARE Guam
A1店舗リスト参照

プロア P99
Proa

アガニア湾
Agana Bay

P91、106 シャーリーズ・コーヒーショップ
Shirley's Coffee Shop

P55 コスト・ユーレス
Cost U Less

P60 ジャパン・レンタカー
JAPAN Rent-a-Car

S.D.A.クリニック
Guam Seventh Day Adventist Clinic

グアム・オーシャン・パーク P23、28
Guam Ocean Park

タムニング
TAMUNING

東京マート P87
Tokyo Mart

パシフィック・アイランド・クラブ・グ
Pacific Islands Club C

ハガニア・ビーチ P43
Hagatna Beach

カリフォルニア・マート
California Mart P87

リーガル・シネマ
Regal Guam

ウェンディーズ
Wendy's

ルビー・チューズデイ P94
Ruby Tuesday

アップルビーズ
Applebees P55

グアム・プレミア・アウトレット P55、65、72
Guam Premier Outlets
→付録MAP P14 ⑬

バブリー・ティー・カフェ P115
Bubbly Tea Café

ドミノ・ピザ
Domino's Pizza

P106 キングス
KING'S

シェル
Shell

デニーズ
Denny's

パパジョーンズ
Papa John's P55

イグナイトジュースバー
ignite Juice/bar P110

マリン・コア・ドライブ
Marine Corps Dr.

ウィンチェルズ
Winchell's P54

インフュージョンコーヒー＆ティー
Infusion Coffee & Tea

おにぎりセブン ジャパニーズ・ファストフード
Onigiri Seven Japanese Fast Food P54

ITCビル
I.T.C.Bldg.

郵便局
Post Office

P54 ローン・スター・ステーキハウス
Lone Star Steakhouse

在ハガニャ日本国総領事館
Consulate-General of Japan in Hagatna

パシフィック・ミクロネシア・ツアーズ（JTBグアム支店）
Micronesia Assistance Inc.

ハファデイ・ファミリー・デンタル
Hafa Adai Family Dental

ハガニアへ

エリア Navi タムニングには総合病院や各銀行の支店などがあり、タモンよりもローカル度が高い。センスのいい店から庶民的な店まで、散策するにはおすすめ。

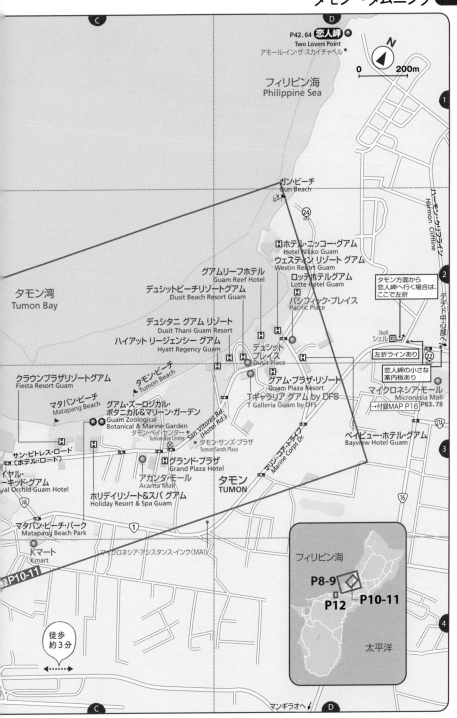

恋人岬
Two Lovers Point
P42、64
アモール・イン・ザ・スカイチャペル

フィリピン海
Philippine Sea

N
0　　　200m

ガン・ビーチ
Gun Beach

24

ハーモン・クリフライン
Harmon Cliffline

ホテル・ニッコー・グアム
Hotel Nikko Guam
ウェスティン リゾート グアム
Westin Resort Guam
ロッテホテルグアム
Lotte Hotel Guam

グアムリーフホテル
Guam Reef Hotel
デュシットビーチリゾートグアム
Dusit Beach Resort Guam

パシフィック・プレイス
Pacific Place

タモン湾
Tumon Bay

タモン方面から
恋人岬へ行く場合は、
ここで左折

デュシタニ グアム リゾート
Dusit Thani Guam Resort
ハイアット リージェンシー グアム
Hyatt Regency Guam

Shell
シェル GS

左折ラインあり

22

恋人岬の小さな
案内板あり

デュシット
プレイス
Dusit Place

クラウンプラザリゾートグアム
Fiesta Resort Guam

タモン・ビーチ
Tumon Beach

グアム・プラザ・リゾート
Guam Plaza Resort
Tギャラリア グアム by DFS
T Galleria Guam by DFS

マイクロネシア・モール
Micronesia Mall

付録MAP P16　P63、78

マタパン・ビーチ
Matapang Beach

グアム・ズーロジカル・
ボタニカル&マリーン・ガーデン
Guam Zoological
Botanical & Marine Garden
タモン・ベイ・センター
Tumon Bay Center

San Vittores Rd.
(Hotel Rd.)

27A

ベイビュー・ホテル・グアム
Bayview Hotel Guam

サン・ビトレス・ロード
(ホテル・ロード)

タモン・サンズ・プラザ
Tumon Sands Plaza

ヤル・
ーキッド・グアム
al Orchid Guam Hotel

グランド・プラザ
Grand Plaza Hotel
アカンタ・モール
Acanta Mall
ホリデイリゾート&スパ グアム
Holiday Resort & Spa Guam

タモン
TUMON

マリン・コアーズ・ドライブ
Marine Corps Dr.

16

3

マタパン・ビーチ・パーク
Matapang Beach Park

1

4

Kマート
Kmart

マイクロネシア・アシスタンス・インク(MAI)

録 P10-11

フィリピン海

P8-9
P12　P10-11

太平洋

徒歩
約3分

マンギラオへ

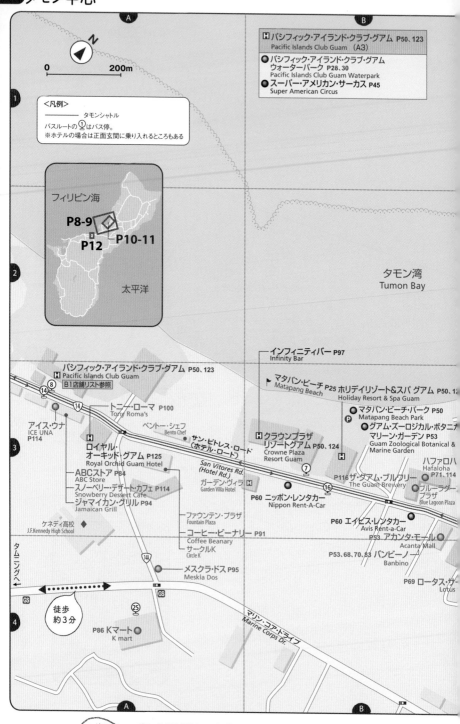

N

0 ——— 200m

タモンシャトル

バスルートの ① はバス停。
※ホテルの場合は正面玄関に乗り入れるところもある

フィリピン海

P8-9

P12　P10-11

太平洋

タモン湾
Tumon Bay

🏨 パシフィック・アイランド・クラブ・グアム P50、123
Pacific Islands Club Guam　(A3)
● パシフィック・アイランド・クラブ・グアム
ウォーターパーク P28、30
Pacific Islands Club Guam Waterpark
● スーパー・アメリカン・サーカス P45
Super American Circus

インフィニティバー P97
Infinity Bar

🏨 パシフィック・アイランド・クラブ・グアム P50、123
Pacific Islands Club Guam
B1店舗リスト参照

▶ マタパン・ビーチ P25 ホリデイリゾート＆スパ グアム P50、12
Matapang Beach　Holiday Resort & Spa Guam

トニー・ローマ P100
Tony Roma's

● マタパン・ビーチ・パーク P50
Matapang Beach Park

● グアム・ズーロジカル・ボタニ
マリーン・ガーデン P53
Guam Zoological Botanical &
Marine Garden

アイス・ウナ
ICE UNA
P114

ベント・シェフ
Bento Chef

サン・ビトレス・ロード
（ホテル・ロード）
San Vitores Rd.
(Hotel Rd.)

🏨 クラウンプラザ
リゾートグアム P50、124
Crowne Plaza
Resort Guam

ハファロハ
Hafaloha
● P71、114

ロイヤル・
オーキッド・グアム P125
Royal Orchid Guam Hotel

ガーデン・ヴィラ
Garden Villa Hotel

P116 ザ・グアム・ブルフリー
The Guam Brewery

ブルーラグーン・
プラザ
Blue Lagoon Plaza

ABCストア P84
ABC Store

スノーベリー・デザート・カフェ P114
Snowberry Dessert Cafe

ジャマイカン・グリル P94
Jamaican Grill

ニッポン・レンタカー P60
Nippon Rent-A-Car

ファウンテン・プラザ
Fountain Plaza

P60 エイビス・レンタカー
Avis Rent-a-Car

ケネディ高校
J.F.Kennedy High School

コーヒー・ビーナリー P91
Coffee Beanery

サークルK
Circle K

P53 アカンタ・モール
Acanta Mall

P53、68、70、83 バンビーノ
Banbino

メスクラ・ドス P95
Meskla Dos

P69 ロータス・サ
Lotus

タムニングへ

徒歩
約3分

K マート
K mart
P86

マリン・コア・ドライブ
Marine Corps Dr.

10

グアムは日中日差しがかなり強いので、昼間にホテル・ロード（A3〜D3）を歩く場合は注意が必
要。タモンエリアの移動には赤いシャトルバスやタクシーを効率よく利用しよう。

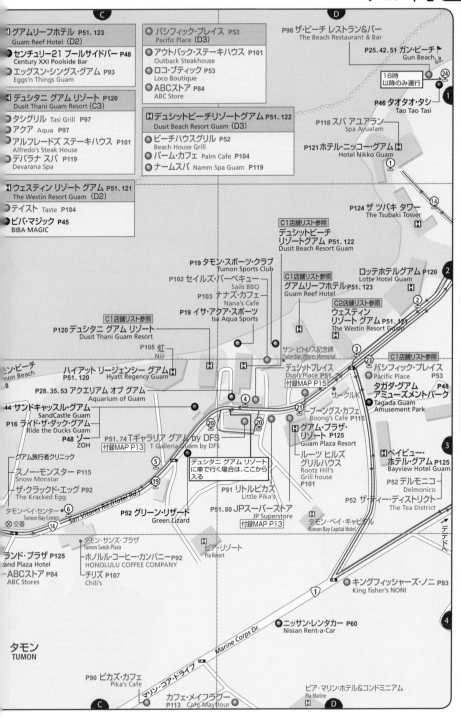

グアムリーフホテル P51、123
Guam Reef Hotel (D2)

センチュリー21 プールサイドバー P48
Century 21 Poolside Bar

エッグスン・シングス・グアム P93
Eggs'n Things Guam

デュシタニ グアム リゾート P120
Dusit Thani Guam Resort (C3)

タシグリル P97
Tasi Grill

アクア Aqua P97

アルフレッズ ステーキハウス P101
Alfredo's Steak House

デバラナ スパ P119
Devarana Spa

ウェスティン リゾート グアム P51、121
The Westin Resort Guam (D2)

テイスト Taste P104

ビバ・マジック P45
BIBA MAGIC

パシフィック・プレイス P53
Pacific Place (D3)

アウトバック・ステーキハウス P101
Outback Steakhouse

ロコ・ブティック P53
Loco Boutique

ABCストア P84
ABC Store

デュシットビーチリゾートグアム P51、122
Dusit Beach Resort Guam (D3)

ビーチハウスグリル P52
Beach House Grill

パーム・カフェ Palm Cafe P104

ナームスパ Namm Spa Guam P119

P96 ザ・ビーチ レストラン&バー
The Beach Restaurant & Bar

P25、42、51 ガン・ビーチ
Gun Beach

16時以降のみ運行

P46 タオタオ・タシ
Tao Tao Tasi

P118 スパ アユアラン
Spa Ayualam

P121 ホテル・ニッコー・グアム
Hotel Nikko Guam

P124 ザ ツバキ タワー
The Tsubaki Tower

C1店舗リスト参照
デュシットビーチ
リゾートグアム P51、122
Dusit Beach Resort Guam

P19 タモン・スポーツ・クラブ
Tumon Sports Club

P102 セイルズ・バーベキュー
Sails BBQ

P103 ナナズ・カフェ
Nana's Café

P19 イサ・アクア・スポーツ
Isa Aqua Sports

C1店舗リスト参照
グアムリーフホテル P51、123
Guam Reef Hotel

C2店舗リスト参照
ウェスティン
リゾート グアム P51、121
The Westin Resort Guam

ロッテホテルグアム P120
Lotte Hotel Guam

C1店舗リスト参照
P120 デュシタニ グアム リゾート
Dusit Thani Guam Resort

P105 虹
Niji

サン・ビトレス記念碑
Padre San Vitores Memorial

デュシットプレイス
Dusit Place P51、26
付録MAP P15

サークルK

ハイアット リージェンシー グアム
P51、120
Hyatt Regency Guam

P28、35、53 アクエリアム オブ グアム
Aquarium of Guam

C1店舗リスト参照
パシフィック・プレイス
Pacific Place P53

タガダ・グアム
アミューズメントパーク
Tagada Guam
Amusement Park

P44 サンドキャッスル・グアム
SandCastle Guam

P16 ライド・ザ・ダック・グアム
Ride the Ducks Guam

P48 ゾー
ZOH

P51、74 Tギャラリア グアム by DFS
T Galleria Guam by DFS
付録MAP P13

ブーングス・カフェ
Boong's Cafe P115

グアム・プラザ・
リゾート P125
Guam Plaza Resort

ルーツ ヒルズ
グリルハウス
Rootz Hill's
Grill house
P101

ベイビュー・
ホテル・グアム P125
Bayview Hotel Guam

P52 デルモニコ
Delmonico

P52 ザ・ティー・ディストリクト
The Tea District

スノー・モンスター P115
Snow Monstar

グアム旅行者クリニック

ザ・クラックド・エッグ P92
The Kracked Egg

タモン・ベイ・センター
Tumon Bay Center
交番

San Vitores Rd.(Hotel Rd.)

デュシタニ グアム リゾート
に車で行く場合は、ここから
入る

P52 グリーン・リザード
Green Lizard

P51、80 JPスーパーストア
JP Superstore
付録MAP P13

P91 リトルピカズ
Little Pika's

タモン・ベイ・キャピタル
Tumon Bay Capital Hotel

ランド・プラザ P125
and Plaza Hotel

ABCストア P84
ABC Stores

タモン・サンズ・プラザ
Tumon Sands Plaza

ホノルル・コーヒー・カンパニー P92
HONOLULU COFFEE COMPANY

チリズ P107
Chili's

ピア・リゾート
Pia Resort

キングフィッシャーズ・ノニ P83
King fisher's NONI

ニッサン・レンタカー P60
Nissan Rent-a-Car

タモン
TUMON

Marine Corps Dr.

P90 ピカズ・カフェ
Pika's Cafe

マリン・コア・ドライブ

カフェ・メイフラワー
Cafe Mayflour P113

ピア・マリン・ホテル&コンドミニアム
Pia Marine

ハガニア

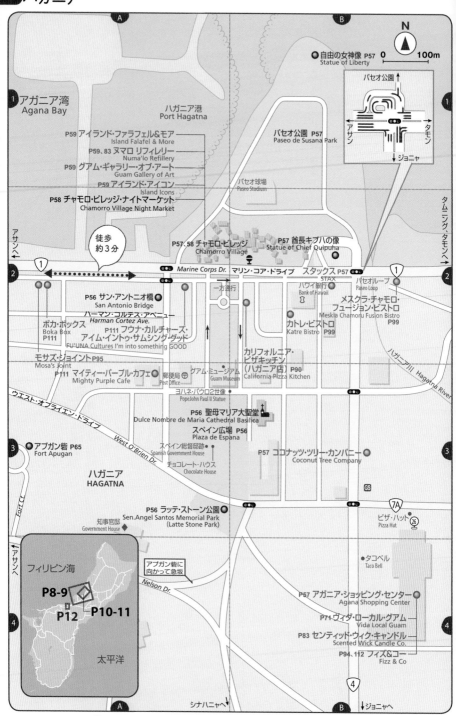

A **B**

N
0 100m

1 アガニア湾
Agana Bay

ハガニア港
Port Hagatna

P59 アイランド・ファラフェル&モア
Island Falafel & More
P59,83 ヌマロ リフィリリー
Numa'lo Refillery
P59 グアム・ギャラリー・オブ・アート
Guam Gallery of Art
P59 アイランド・アイコン
Island Icons
P58 チャモロ・ビレッジ・ナイトマーケット
Chamorro Village Night Market

自由の女神像 P57
Statue of Liberty

パセオ公園 P57
Paseo de Susana Park

パセオ球場
Paseo Studium

パセオ公園↑
アサン←   →タモン
↓ジョニャ

タムニング・タモンへ→

P57,58 チャモロ・ビレッジ
Chamorro Village

酋長キプハの像 P57
Statue of Chief Quipuha

アサンへ

2 ①・・・・・・・・・・・→ Marine Corps Dr. マリン・コア・ドライブ スタックス P57
STAX
パセオループ
Paseo Loop ①

徒歩
約3分

P56 サン・アントニオ橋
San Antonio Bridge

ハーマン・コルテス・アベニュー
Harman Cortez Ave.

ボカ・ボックス
Boka Box
P111

**P111 フウナ・カルチャーズ・
アイム・イントゥ・サムシング・グッド**
FU'UNA Cultures I'm into something GOOD

一方通行

ハワイ銀行
Bank of Hawaii

**メスクラ・チャモロ・
フュージョン・ビストロ**
Meskla Chamoru Fusion Bistro
P99

カトレ・ビストロ
Katre Bistro P99

ハガニア川 Hagatna River

モサズ・ジョイント P95
Mosa's Joint

マイティー・パープル・カフェ
P111 Mighty Purple Cafe

郵便局
Post Office

グアム・ミュージアム
Guam Museum

カリフォルニア・
ピザキッチン
(ハガニア店) P90
California Pizza Kitchen

ヨハネ・パウロ2世像
PopeJohn Paul II Statue

P56 聖母マリア大聖堂
Dulce Nombre de Maria Cathedral Basilica

スペイン広場 P56
Plaza de Espana

ウエスト・オブ・オブライエン・ドライブ
West O'Brien Dr.

3 アプガン砦 P65
Fort Apugan

ハガニア
HAGATNA

スペイン総督邸跡
Spanish Government House

チョコレート・ハウス
Chocolate House

P57 ココナッツ・ツリー・カンパニー
Coconut Tree Company

GS

知事官邸
Government House

P56 ラッテ・ストーン公園
Sen.Angel Santos Memorial Park
(Latte Stone Park)

7A

ピザ・ハット
Pizza Hut
26

アサンへ

フィリピン海

P8-9

P12 P10-11

太平洋

アプガン砦
に向かって急坂

Nelson Dr.

タコベル
Taco Bell

P67 アガニア・ショッピング・センター
Agana Shopping Center

P71 ヴィダ・ローカル・グアム
Vida Local Guam

P83 センティッド・ウィック・キャンドル
Scented Wick Candle Co.

P94,112 フィズ&コー
Fizz & Co

4 ④

A シナハニャへ↓ **B** ↓ジョニャへ

エリア
Navi ハガニアはスペイン統治時代の面影が随所に残るエリア。街なかにもグリーンエリアが多く、のんびりと散策したい人におすすめ。

Tギャラリア グアム by DFS／JPスーパーストア フロア図

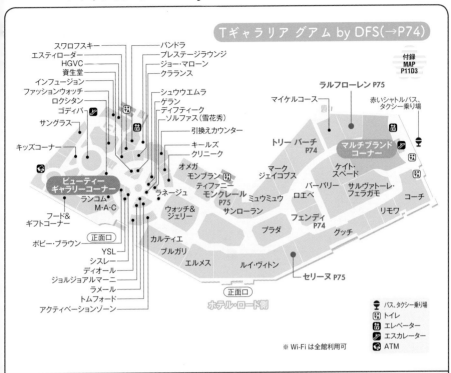

Tギャラリア グアム by DFS(→P74)

付録
MAP
P11D3

- スワロフスキー
- エスティローダー
- HGVC
- 資生堂
- インフュージョン
- ファッションウォッチ
- ロクシタン
- ゴディバ
- サングラス
- キッズコーナー
- パンドラ
- プレステージラウンジ
- ジョー・マローン
- クラランス
- シュウウエムラ
- ゲラン
- ディフティーク
- ソルファス(雪花秀)
- 引換えカウンター
- キールズ
- クリニーク
- オメガ
- モンブラン
- ティファニー
- ビューティーギャラリーコーナー
- ランコム
- M・A・C
- フード&ギフトコーナー
- ボビー・ブラウン
- YSL
- シスレー
- ディオール
- ジョルジョアルマーニ
- ラメール
- トムフォード
- アクティベーションゾーン
- ラネージュ
- ウォッチ&ジュエリー
- カルティエ
- ブルガリ
- エルメス
- モンクレール P75
- サンローラン
- プラダ
- ルイ・ヴィトン

正面口

ラルフローレン P75
マイケルコース
赤いシャトルバス、タクシー乗り場
トリー バーチ P74
マーク ジェイコブス
ケイト・スペード
マルチブランドコーナー
バーバリー
ロエベ
サルヴァトーレ・フェラガモ
コーチ
フェンディ P74
ミュウミュウ
グッチ
リモワ
セリーヌ P75

正面口
ホテル・ロード側

- 🚌 バス、タクシー乗り場
- 🚻 トイレ
- 🛗 エレベーター
- 🛗 エスカレーター
- 🏧 ATM

※ Wi-Fi は全館利用可

JPスーパーストア(→P80)

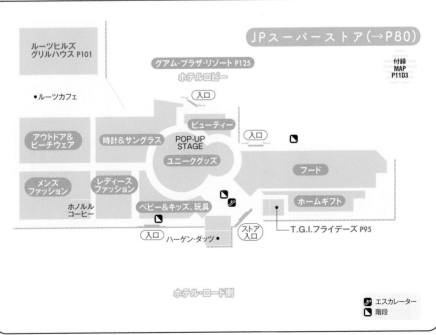

ルーツヒルズ グリルハウス P101

グアム・プラザ・リゾート P125
ホテルロビー

付録
MAP
P11D3

- ルーツカフェ

入口

ビューティー

入口

アウトドア&ビーチウェア
時計&サングラス
POP-UP STAGE
ユニークグッズ
フード

メンズファッション
レディースファッション
ベビー&キッズ、玩具
ホームギフト

ホノルルコーヒー

入口
ハーゲン・ダッツ
ストア入口
T.G.I.フライデーズ P95

ホテル・ロード側

- 🛗 エスカレーター
- 階段

ショッピングセンター Navi
Tギャラリア グアムby DFSとJPスーパーストアは隣接。どちらもファッションだけでなく、注目のコスメやお菓子などが揃い、おみやげ選びにもおすすめ。

13

グアム・プレミア・アウトレット フロア図

グアム・プレミア・アウトレット（→P72）

付録
MAP
P8A4

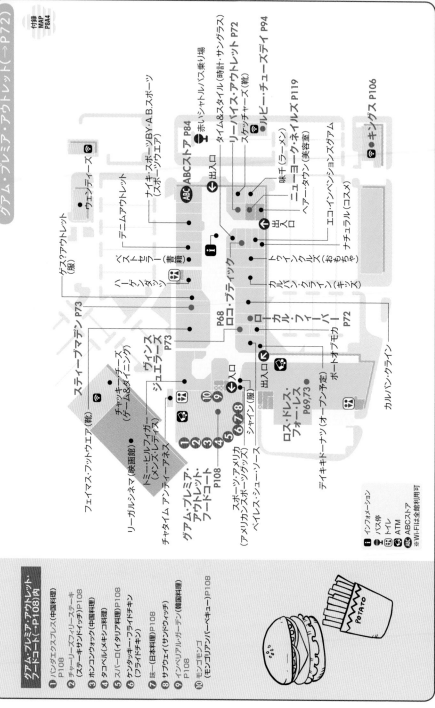

キングス P106

ルビー・チューズデイ P94

リーバイス・アウトレット P72
スケッチャーズ（靴）

タイム＆スタイル（時計・サングラス）

赤いシャトルバス乗り場

味千（ラーメン）

ニューヨーク・ネイルズ P119

ヘア・タウン（美容室）

エコ インベンションズ ステラム

ナチュラル（コスメ）

ナイキ・スポーツBY・A.B.スポーツ
（スポーツウェア）

ABCストア P84

ABC 出口

トイザらス（おもちゃ）

デニムアウトレット

ベスト セラー（書籍）

ロコ・ブティック

カルバン・クライン（キッズ）

ゲス？アウトレット
（服）

ウェンディーズ

ヘア ゲンテン

カルバン・クライン
フード コート

P72

P68

ローカル

P73

ポートオブモカ

スティーブ マデン P73

ヴィンス
ジュエラーズ
P73

チャッキーチーズ
（ゲーム＆ダイニング）

フェイマス・フットウエア（靴）

リーガルシネマ（映画館）

チャタイム アンティーク ネス

出入口

入口

シャイン（服）

ロス・ドレス・
フォー・レス
P69,73

ドミー・ヒルフィガー
（メンズ・レディス）

グアム・プレミア・
アウトレット・
フードコート
P108

スポーツ・アメリカ
（アメリカン スポーツグッズ）
ヘルレス シューズ ソース

デイキドホープ（オープン予定）

カルバン・クライン

i インフォメーション
バス停
トイレ
ATM
ABC ABCストア
※Wi-Fiは全館利用可

POTATO

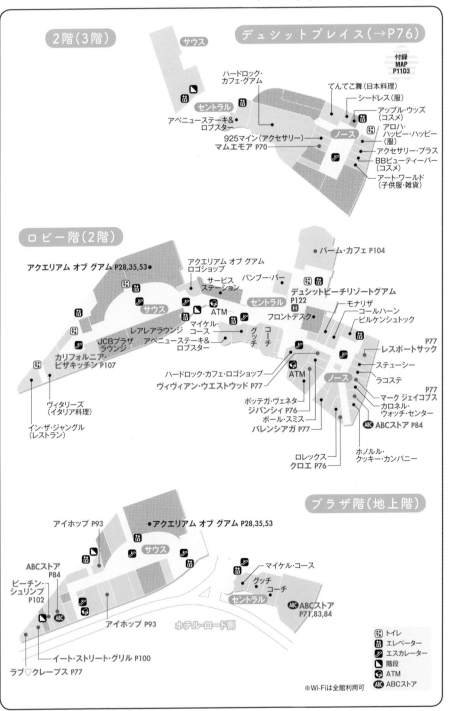

デュシットプレイス フロア図

デュシットプレイス（→P76）

2階（3階）

付録 MAP P11D3

サウス

セントラル

ノース

- ハードロック・カフェ・グアム
- てんてこ舞（日本料理）
- シードレス（服）
- アップル・ウッズ（コスメ）
- アロハ・ハッピー・ハッピー（服）
- アクセサリー・プラス
- BBビューティーバー（コスメ）
- アート・ワールド（子供服・雑貨）
- アベニューステーキ＆ロブスター
- 925マイン（アクセサリー）
- マムエモア P70

ロビー階（2階）

- アクエリアム オブ グアム P28,35,53 ●
- アクエリアム オブ グアムロゴショップ
- サービスステーション
- バンブー・バー
- パーム・カフェ P104
- デュシットビーチリゾートグアム P122
- モナリザ
- コールハーン
- ビルケンシュトック
- フロントデスク
- マイケル・コース
- グッチ
- コーチ
- レスポートサック P77
- ステューシー
- ラコステ
- マーク ジェイコブス P77
- カロネル・ウォッチ・センター
- ABCストア P84
- ホノルル・クッキー・カンパニー
- ロレックス
- クロエ P76
- ボッテガ・ヴェネタ
- ジバンシィ P76
- ポール・スミス
- バレンシアガ P77
- ハードロック・カフェ・ロゴショップ P77
- ヴィヴィアン・ウエストウッド P77
- レアレアラウンジ
- アベニューステーキ＆ロブスター
- JCBプラザラウンジ
- カリフォルニア・ピザキッチン P107
- ヴィタリーズ（イタリア料理）
- イン・ザ・ジャングル（レストラン）

サウス　セントラル　ノース

プラザ階（地上階）

- アイホップ P93
- アクエリアム オブ グアム P28,35,53
- マイケル・コース
- グッチ
- コーチ
- ABCストア P71,83,84
- ABCストア P84
- ビーチン・シュリンプ P102
- アイホップ P93
- イート・ストリート・グリル P100
- ラブ♡クレープス P77

サウス　セントラル　ホテル・ロード側

凡例：
- トイレ
- エレベーター
- エスカレーター
- 階段
- ATM
- ABCストア

※Wi-Fiは全館利用可

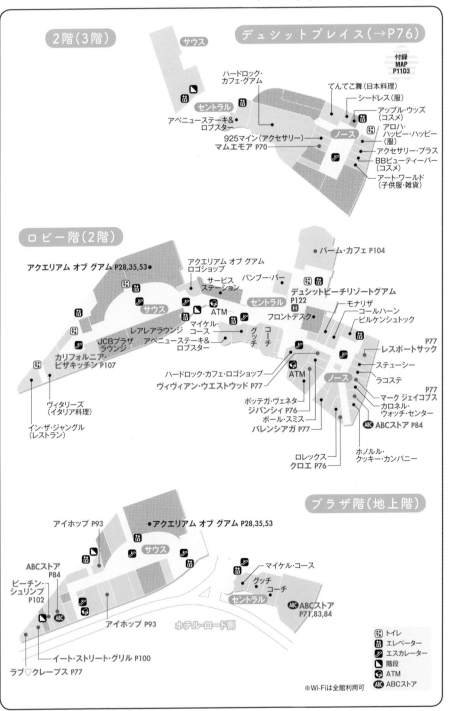

ショッピングセンター Navi　デュシットプレイスはグルメ、ショッピング、エンターテインメントまで守備範囲が広く、夜遅くまで営業しているので旅行者にも人気。

15

マイクロネシア・モール フロア図

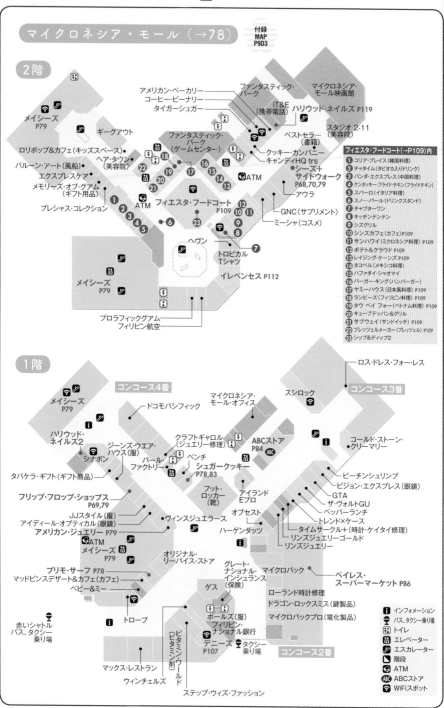

マイクロネシア・モール（→78）

付録
MAP
P9D3

2階

- アメリカン・ベーカリー
- コーヒー・ビーナリー
- タイガーシュガー
- ファンタスティック・パーク
- マイクロネシア・モール映画館
- iT&E（携帯電話）
- ハリウッド・ネイルズ P119
- メイシーズ P79
- ギークアウト
- スタジオ 2-11（美容院）
- ベストセラー（書籍）
- ロリポップ&カフェ（キッズスペース）
- ファンタスティック・パーク（ゲームセンター）
- ヘア・タウン（美容院）
- クッキー・カンパニー
- キャンディHQ trs
- シーズ+サイドウォーク P68,70,79
- バルーン・アート（風船）
- エクスプレスケア
- メモリーズ・オブ・グアム（ギフト用品）
- プレシャス・コレクション
- アウラ
- フィエスタ・フードコート P109
- ATM
- GNC（サプリメント）
- ミーシャ（コスメ）
- ヘヴン
- トロピカルTシャツ
- イレベンセス P112
- メイシーズ P79
- プロラフィックグアム
- フィリピン航空

フィエスタ・フードコート（→P109）内

1. コリア・プレイス（韓国料理）
2. チャタイム（タピオカ入りドリンク）
3. パンダ・エクスプレス（中国料理）
4. ケンタッキー・フライド・チキン（フライドチキン）
5. スバーロ（イタリア料理）
6. スノー・パール（ドリンクスタンド）
7. チャプターワン
8. キッチンテンテン
9. シズグリル
10. シンズカフェ（カフェ）P109
11. サンハワイ（ミクロネシア料理）P109
12. ポテト&クラウド P109
13. レイジング・ケーンズ P109
14. タコベル（メキシコ料理）
15. ハファダイ・シャオマイ
16. バーガー・キング（ハンバーガー）
17. ヤミー・ハウス（日本風料理）P109
18. ランビーズ（フィリピン料理）P109
19. タウ ベイ フォー（ベトナム料理）P109
20. キューブテッパン&グリル
21. サブウェイ（サンドイッチ）P109
22. プレッツェルメーカー（プレッツェル）P109
23. シップ&ディップ2

1階

- コンコース4番
- ドコモパシフィック
- マイクロネシア・モール・オフィス
- スシロック
- コンコース3番
- ロス・ドレス・フォー・レス
- メイシーズ P79
- ハリウッド・ネイルズ2
- ジーンズ・ウエア・ハウス（服）
- クラフトギャロル（ジュエリー修理）
- ABCストア P84
- コールド・ストーン・クリーマリー
- シナボン
- バール・ファクトリー
- ベンチ
- シュガークッキー P78,83
- ビーチンシュリンプ
- タバケラ・ギフト（ギフト商品）
- フット・ロッカー（靴）
- アイランドEプロ
- ビジョン・エクスプレス（眼鏡）
- フリップ・フロップ・ショップス P69,79
- オブセスト
- GTA
- ザ・ヴォルトGU
- ペッパーランチ
- JJスタイル（服）
- ヴィンスジュエラーズ
- ハーゲンダッツ
- トレンドXケース
- アイディール・オブ・オプティカル（服）
- タイムサークル+（時計・ケイタイ修理）
- アメリカン・ジュエリー P79
- リンズジュエリーゴールド
- ATM
- メイシーズ P79
- リンズジュエリー
- プリモ・サーフ P78
- オリジナル・リーバイス・ストア
- グレート・ナショナル・インシュランス（保険）
- マイクロバック
- ベイレス・スーパーマーケット P86
- マッドビンズデザート&カフェ（カフェ）
- ベビー&ミー
- ゲス
- ローランド時計修理
- ドラゴン・ロックスミス（鍵製品）
- マイクロバックプロ（電化製品）
- 赤いシャトルバス、タクシー乗り場
- ボールズ（服）
- フィリピン・ナショナル銀行
- トローブ
- デニーズ P107
- タクシー乗り場
- コンコース2番
- ビタミン・ワールド（ビタミン剤）
- マックス・レストラン
- ウィンチェルズ
- ステップ・ウィズ・ファッション

凡例
- 🛈 インフォメーション
- 🚌 バス、タクシー乗り場
- 🚻 トイレ
- 🛗 エレベーター
- エスカレーター
- 階段
- ATM
- ABC ABCストア
- 📶 WiFiスポット

ショッピングセンター Navi　マイクロネシア・モールのインフォメーションカウンターには、日本語の館内フロアマップのほか、現地で発行されているフリーペーパーなども置いてある。キャンペーン中なら割引パスがもらえることも。

グアム 島内交通

島のまわり方

ホテル周辺は赤いシャトルバスで

公共交通機関のほとんどないグアムでは、観光客の足は赤いシャトルバス、タクシー、レンタカーのいずれか。一番安くて、気軽に利用できるのが、タモン・タムニングをメインに走る赤いシャトルバス。タモン・タムニングエリアは45〜80分間隔で運行。

赤いシャトルバスのタモンシャトル。ホテル・ロードで目立つ存在

レンタカーで行動範囲を広げる

タモン、タムニングから離れた観光スポットに行くときは、レンタカーが便利。グアムでは30日以内であれば、日本の運転免許証で車を運転できる（→P60）。日本の運転免許を持っている21歳以上の人は現地でレンタカーにトライしては？

赤いシャトルバス | Red Guahan Shuttle

主要なホテルやショッピングモールを結び、観光客の足となってくれるシャトルバス。メイン路線のタモンシャトルのほかいくつかの路線がある。運休やスケジュール変更もあるので、利用前にはHPをチェックしよう。**URL** guamredshuttle.com/

チャモロビレッジのナイトマーケットへ行くのにも便利
屋根付きのバス停もある

●料金とシステム

1回乗車券$7のほか、1日乗り放題券$15、2日間乗り放題券$20、3日間乗り放題券$25、4日間乗り放題券$30、5日間乗り放題券$35がある。チケットはバスのドライバーや各旅行会社のツアーデスクで購入を。または、スマホでEチケットをオンライン購入すれば、すぐに利用できて便利。

●特典カードを利用しよう！

ツアーに参加の場合、旅行会社の特典カードを乗車の際に提示すれば赤いシャトルバスが乗り放題になる場合も（カードによっては使用不可の路線もある）。

●運行時間

9時すぎ〜22時ごろ（路線により異なる）。観光客のために運行されているものなので、特に避けたい時間帯はない。

●タモンのホテルから主なSCまでの所要時間

- ⑯ホリデーリゾート向かいから⑳Tギャラリア by DFSまで約6分
- ⑯ホリデーリゾート向かいから㉒マイクロネシアモールまで約30分
- ❼ホリデーリゾート前から⓭グアムプレミアアウトレットまで約25分

●赤いシャトルバスに乗ってみよう

❶ バス停で待つ

赤いシャトルバスのルート沿いにはシェルタータイプのバス停や、ルートが描かれた案内板のバス停がある。ほとんどの場合、ホテルやショッピングスポットの前（一部ホテルはエントランス前）にあるので見つけやすい。

❷ 乗車する

赤いシャトルバスが見えたらフロントガラスに表示されている「方面行きサイン」などで行き先の確認を。自分が乗りたい路線なら手をあげて、乗車の意思表示をしよう。バス停には案内板があるので、あらかじめ確認しておけば慌てずに乗車できるはず。

❸ チケットを買う・見せる

赤いシャトルバスはドライバーのみのワンマンの場合がほとんどで、乗車したらその場で運転手からチケットを購入する（乗り放題券やカードを持っている場合は、きちんと運転手に見せること）。

❹ 下車する

バス停で必ず停車する場合や、次のバス停のアナウンスがある場合など、バスによってさまざまなので、乗車した時にドライバーに降りたいバス停を伝えておくと確実。路線図でいくつ目なのかをチェックしておくと安心。

プチ情報

1日・2日間・5日間などの乗り放題券は、2023年12月現在タモンシャトルのみに利用可。朝市シャトル、チャモロビレッジナイトマーケットシャトルなどでは使用できないので注意。

グアム島内交通

赤いシャトルバスの路線

起点となるグアム・プレミア・アウトレットと、ホテル・ロード沿いのホテルやショッピングスポットを結ぶ路線のほか、恋人岬、チャモロ・ビレッジ・ナイトマーケット、デデドの朝市への路線もあり、観光にも便利。

●路線一覧

名称	料金	時間	特徴
タモンシャトル（北廻り）（南廻り）		北廻りはグアムプレミアアウトレット発10時30分〜21時の間（始発は星野リゾーナーレグアム9時7分発）、南廻りはマイクロネシアモール発10時15分〜20時50分の間（始発はウェスティン向かい／パシフィックプレイス9時38分発）	ホテル・ロードをメインに、タモンやタムニングの各ホテル、グアム・プレミア・アウトレット、Tギャラリア、マイクロネシア・モールなどに停車。マイクロネシア・モール方面行きが北廻り、グアム・プレミア・アウトレット方面行きが南廻り
ショッピングモールシャトル	1回乗車券$7、1日乗り放題券$15、2日間乗り放題券$20、3日間乗り放題券$25、4日間乗り放題券$30、5日間乗り放題券$35。チケットはドライバーから購入するか、Eチケットをオンライン購入すれば、スマホでEチケットを提示するだけで利用できる	※2023年12月現在休止中	グアム・プレミア・アウトレット〜アガニア・ショッピングセンター〜Kマート〜マイクロネシア・モールの4カ所を循環。マリン・コア・ドライブを走り、ショートドライブ気分も楽しめる。
Tギャラリア↔Kマートシャトル		※2023年12月現在休止中	ホテル・ロードのTギャラリアと、マリン・コア・ドライブのKマートを循環（行きはJPスーパーストア経由）。効率的にショッピングを楽しみたい人におすすめの路線。
チャモロビレッジナイトマーケットシャトル（水曜夜のみ）	チャモロビレッジナイトマーケットシャトル往復チケット$15が使用可	グアムプレミアアウトレット発17時30分、18時15分（所要20分）、チャモロビレッジ発19時、20時10分	チャモロ・ビレッジ・ナイトマーケット開催時の水曜夜のみ運行。行きはGPOとチャモロ・ビレッジを直結、帰りはタモンエリアの主要ホテルを巡回する。
朝市シャトル（土曜のみ）※2024年1月下旬より運行予定（詳細は公式サイトで確認を）	朝市シャトル往復券$20（予約制）	往路便は星野リゾートリゾナーレグアム発5時10分、タモン中心部を経由してデデド朝市に6時着、復路便は朝市発7時20分、タモン中心部を経由して星野リゾートリゾナーレグアムに8時2分着	土曜朝のみ運行の予約制のシャトルバス。星野リゾート リゾナーレグアムとデデドの朝市を結び、途中、リーガロイヤル、ヒルトン、PIC向かい、ホリデーリゾート向かい、JPスーパーストア、ツバキタワーを経由する。朝市には約1時間20分滞在。
恋人岬シャトル	※2023年12月現在休止中	※2023年12月現在休止中	Tギャラリアと恋人岬を結ぶバス。恋人岬行きのみ、JPスーパーストア前とマイクロネシアモールに停車。乗り放題券は使用不可。

※2023年12月現在の情報。休止中の路線もある。赤いシャトルバスの運行スケジュールやルートはしばしば変更されるので、最新情報は公式サイトで確認を。

●赤いシャトルバスのお得な利用法

旅行会社の特典カードを持っていない場合は、乗車ごとにチケットを購入するよりも、乗り放題券を利用するのがお得。乗り放題券には、1日券、2日間券、3日間券、4日間券、5日間券があり、2023年12月現在は、メイン路線であるタモンシャトル（北廻り、南廻り）が乗り放題に。チケットはドライバーから購入することもできるが、スマホがあれば、オンラインでEチケットを購入するのが便利。スマホのEチケットをドライバーに提示すれば乗車することができる。ただし、乗車時にインターネットに接続している必要があるため、Wi-Fi環境が必須なのでご注意を。なお、乗り放題券は、チャモロビレッジナイトマーケットシャトルや朝市シャトルには利用できない。

●SNS映えすると話題のバス停もチェック

グアムにはかわいいイラストやペイントが描かれたバス停がたくさんあり、タモンやタムニングの街なかでもいくつも見かける。シャトルバスの待ち時間に写真撮影するのも楽しい。写真上はホリデーリゾート向かいにあるバス停。タモンシャトルも停車するのでチェックしてみてはいかが？

タクシー | Taxi

赤いシャトルバスの次に観光客の足となるのがタクシー。早く目的地に到着できるので便利。グアムでは流しのタクシーはないため、ホテルや大型ショッピングセンターのタクシー乗り場から利用するのが一般的。

ホテルやショッピングセンターでは必ずタクシーが待機している

●料金と運行時間

基本料金は$2.40で、0.25マイル（約400m）ごとに$0.80が加算。24時間運行している。

●タモン中心部から主なスポットまでの料金の目安

※（　）内はチップを加算した料金
・マイクロネシア・モールまで$15（$17）
・GPOまで$20（$22）
・Kマートまで$12（$13）
・アガニア・ショッピングセンターまで$30（$33）
・恋人岬まで往復$40（$44）
・デデドの朝市まで往復$40（$44）
・チャモロ・ビレッジまで$25（$28）
・南部のメリッソまで$90（$99）

●グアムでの移動には配車アプリ「Stroll Intl」が便利

「Stroll Intl」のアプリをダウンロードし、名前とクレジットカードを登録しておけば、現地ですぐに車を呼ぶことができる便利なアプリ。乗り場と行き先を入力すると料金が表示され、クレジットカードで支払えるのでストレスフリーだ。本人認証が必要なのであらかじめ日本で登録しておこう。

●タクシーに乗ってみよう

❶タクシー乗り場に行く

ホテルやショッピングセンターではエントランスの配車係が待機しているタクシーを呼んでくれる。レストランでは店の人にタクシーを呼んでもらおう。

❷乗車する

メーターは乗客が乗ったら基本料金の$2.40を表示するように義務づけられている。また運転手の顔写真とIDナンバー（登録番号）を乗客から見えるところに設置する決まりなので、それがない場合は乗らないのが基本。行き先は施設名や観光名所名で。

❸お金を払う

運転手へのチップは通常、料金の10〜15%が目安。荷物を運んでもらったら荷物1つにつき$1のチップを。料金を払うときに困らないように少額紙幣の用意を忘れずに。

❹下車する

忘れ物がないかを必ず確認をしよう。運転手に大きな荷物を運んでもらったときなどは、チップを少し多めに渡すように心がけたい。

プチ情報　赤いシャトルバスの時刻表は各ホテルや旅行会社で配布している場合もあるが、HPで確認するのが安心。

赤いシャトルバス路線図

N

恋人岬

ウエスティン向かい／
パシフィックプレイス **23**
ザ・ビーチ **24**
※16時以降に停車
ホテルニッコーグアム H **1**
ザ ツバキタワー H **1A**
ロッテホテルグアム H **2**
ウェスティン前 **3**
（リーフホテル）
デュシットビーチ
デュシットプレイス前 H **4**
デュシタニ グアム リゾート H
タモン湾

ベイビュー・ホテル・グアム H
H グアム・リーフホテル

H グアム・プラザ・リゾート

22 マイクロネシアモール

→ バリガダ方面へ

21 JPスーパーストア前
20 Tギャラリア by DFS

サンドキャッスル／
ハイアットリージェンシー前 H **5**
ハイアット リージェンシー グアム H
タモンサンズプラザ向かい **6**
アカンタモール／グランドプラザホテル H **17**
ホリデイリゾート＆スパ グアム H
ホリデーリゾート前 H **7**
クラウンプラザリゾートグアム H

19 ハイアットリージェンシー向かい
18 タモンサンズプラザ（休止中）
H グランド・プラザ
16 ホリデーリゾート
向かい
H ガーデン・ヴィラ
15 ファウンテン
プラザ前（休止中）

パシィックアイランドクラブ前 H **8**
イパオパーク／GVB前 **9**
ヒルトングアム H **10**

H ロイヤル・オーキッド・グアム
14 H
パシィックアイランドクラブ
向かい

ホテルロード

25 Kマート

→ 空港へ

リーガロイヤルラグーナ H **11**

12 星野リゾート
リゾナーレグアム H

赤いシャトルバス路線図

—▷— タモンシャトル 北廻り
—▷— タモンシャトル 南廻り
—▶— ショッピングモールシャトル ※2
—▶— Tギャラリア←→Kマートシャトル ※2
—▶— 恋人岬シャトル ※2
—▶— チャモロビレッジナイトシャトル
　　　（水曜夜のみ）
※1 2024年1月下旬から朝市シャトルが運
　　行予定。ルートの詳細は公式サイトで確
　　認を
※2 2023年12月現在休止中

アルバット島
アルパンビーチタワー H
アガニア湾
チャモロビレッジ

アサン方面へ ↙

13 グアムプレミアアウトレット（GPO）
26 アガニア・ショッピングセンター

20

プチ
情報
シャトルバスの運行時間や移動時間は大幅に変更されることがあるので注意が必要。また、乗り場
に屋根のないバス停も多いので利用する際は見落とさないように。